課長・部長のための知っておきたいビジネス常識と教養

Business Common sense and Culture for Section and Division Manager

フレアビジネス研究会
Flair Business Study Group

マイナビ

はじめに

21世紀となってから世界は急速かつ大きな変化を遂げようとしている。インターネットとグローバリゼーションは、大きな希望をもたらしていると同時に、その反動もまた大きく不安を増幅させている。

揺れ動く現代社会の中で、日々奮闘しているビジネスパーソンにとって、直接仕事に関係のないことが、目の前の仕事の障害となっていることも多くなってきている。

新入社員たちは学業や入社試験対策として、最新の情報を知識として身につけているだろうが、課長・部長クラスとなると専門性では新人に負けるわけがないとはいえ、専門分野以外についての知識をブラッシュアップする機会は少ない。課長・部長の昇進試験制度がある場合はともかく、「一般教養」に手を伸ばす機会も時間もない人が多いのではないだろうか。

本書は、できるだけ幅広い分野から最新の動向、キーワード、キーパーソンをギュッと圧縮してまとめ、短時間で幅広い教養を身につける手掛かりとしていただこうと企画した。

いわゆる最新用語辞典ではない。むしろ言葉の説明は最小限として「課長・部長クラスであれば、これぐらいは理解できるはず」との前提で執筆・編集している。

本書は次の6章、全50項目で構成されている。

CHAPTER1　知らないと恥をかく世界情勢の常識（6項目）
CHAPTER2　会社では覚えられない経済の常識（10項目）
CHAPTER3　ビジネス現場で話題になる政治の常識（7項目）
CHAPTER4　知っておきたい法律の常識（7項目）
CHAPTER5　変革する業界を知る常識（12項目）
CHAPTER6　文化・教育の常識（8項目）

どこからお読みいただいてもよく、項目ごとに基本4ページ（一部2〜3ページ）でまとめている。また、各項目には必ず図表をつけ、そこだけをご覧いただいても問題点や中心的な話題を確認できるようにした。

CHAPTER1では、激変しつつある国際情勢の一端に触れていただく。まさに本書編集中にも米国大統領選をはじめ、予想外の変化が起きている。国際情勢は見通しにくいが、私たちに身近な話から読み解くことを第一に考慮した。

CHAPTER2は経済のいまを考えるために必要な項目を網羅している。経済は実態経済と経済学の双方から常識を豊かにしていただくための情報を集めた。

CHAPTER3では改めて政治の仕組みについておさらいする。国内の政治を中心に項目を選択している。学生ならよく知っている項目も多いが、制度も変化している。ざっと目を通してもう一度確認いただきたい。

ＣＨＡＰＴＥＲ４では法律を取り上げる。法律も変化が大きいが、とくに企業やビジネスとの関連を重視して話題を絞り込んでいる。法令遵守は各企業をはじめ仕事に携わる者としては一通りの知識は持っておきたいものである。

ＣＨＡＰＴＥＲ５は注目の産業や政策をピックアップした。今後数年にわたって話題になるであろう項目を意識している。とはいえ、こうして編集している間にもさらに秒速で変化している技術もあり、今後のキャッチアップに最低限必要な項目となっている。

ＣＨＡＰＴＥＲ６では教育と文化の視点から注目ポイントを厳選した。専門的に係わっている人とそうではない人でとくに大きな知識の差が出る分野だけに、教養を深める手掛かりにしていただきたい。

一読して不明な言葉が多いと感じたところは、できれば参考文献を活用し、より広く深い知識を得ていただければ幸いである。

CONTENTS

CHAPTER 2 会社では覚えられない経済の常識……43

CHAPTER 3

ビジネス現場で話題になる政治の常識

CHAPTER 6

文化・教育の常識

CHAPTER 1

知らないと恥をかく
世界情勢の常識

CHAPTER 1-01

「ハラール」で知るイスラム

観光誘致から見る世界情勢

観光立国となるための国際化

「かんこうちょう」と聞いて「官公庁」しか思い浮かばないようでは、観光立国を目指す日本に住む者としては、すでに国際化で後れを取っている可能性がある。

ここで言う国際化とは、グローバリゼーションというよりも、日本のビジネス、商業さらには教育・文化を海外の人たちに向けて開くことである。いつどの国からお客さんが来るかわからない時代になっているからである。

２００６年、観光立国推進基本法が設立し、08年に国土交通省に観光庁が誕生。その頃、多くても年間８００万人規模だった日本への外国人観光旅行者（インバウンド）は、13年に１０００万人を突破。16年には２０００万人突破へと急拡大したのである。旅行消費額も約３・５兆円となっている。

政府は東京オリンピック・パラリンピックが予定されている**２０２０年に４０００万人、８兆円を目指し、さらに２０３０年には６０００万人、15兆円という目標を掲げている。**

〈訪日外国人2000万人突破へ！〉

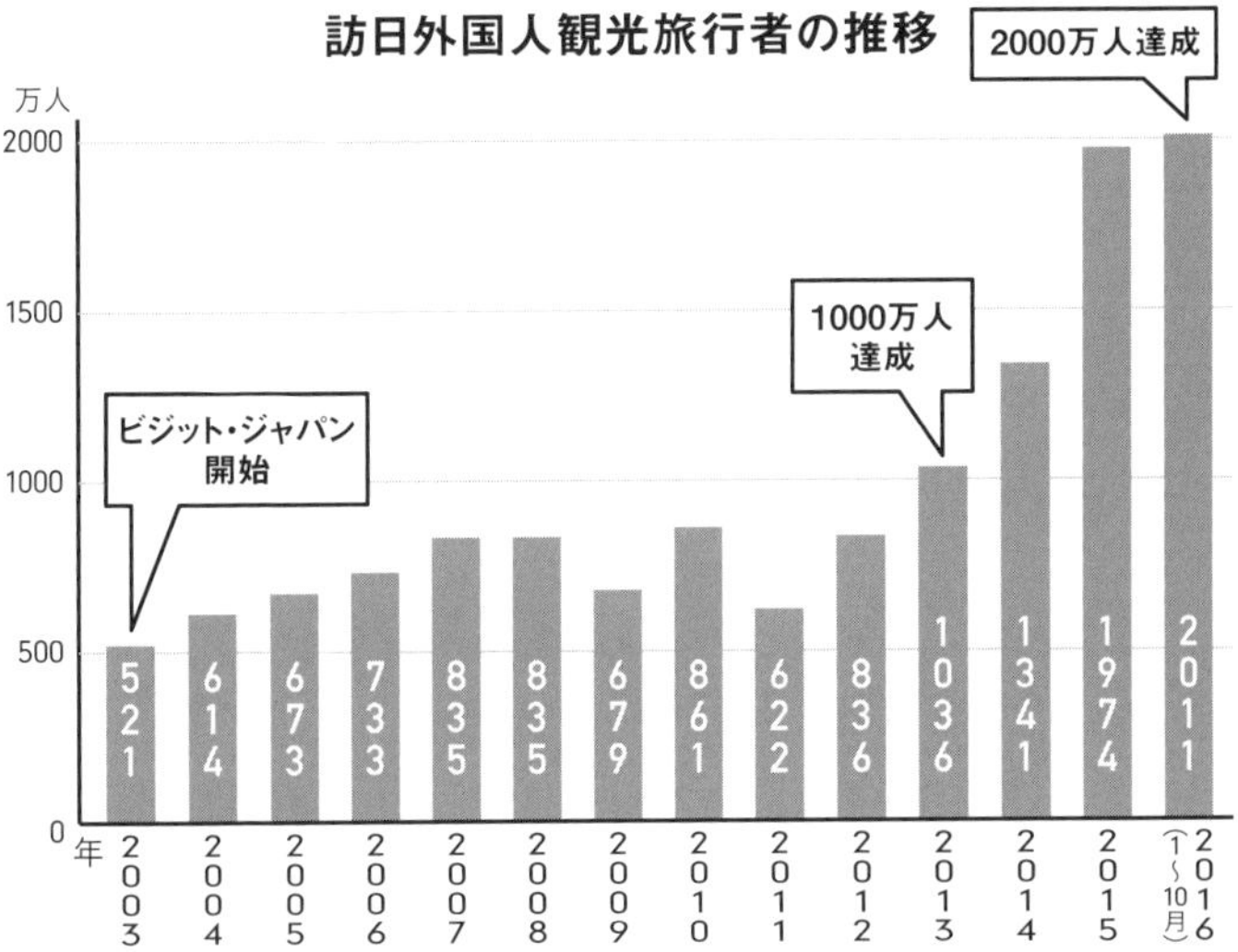

出典：JNTO（日本政府観光局）　注）2014年以前の値は確定値、2015年以降は暫定値

ビジット・ジャパン重点地域

韓国、中国、台湾、香港、タイ、シンガポール、マレーシア、インドネシア、フィリピン、ベトナム、インド、豪州、米国、カナダ、英国、フランス、ドイツ、ロシア、イタリア、スペイン

主な宗教人口と将来予測

	人口（2010年）	全人口中の割合	予測（2050年）	2050年の全人口中の割合
キリスト教	21.7億人	31.4%	29.2億人	31.4%→
イスラム教	16億人	23.2%	27.6億人	29.7%↑
ヒンドゥー教	10.3億人	15.0%	13.8億人	14.9%↓
仏教	4.8億人	7.1%	4.9億人	5.2%↓

出典：THE FUTURE OF WORLD RELIGIONS：POPULATION GROWTH PROJECTIONS, 2010-2050

世界の人々に対応できる能力を

インバウンドは、8000万人のフランス、7000万人のアメリカに比べればまだまだ、という状態だ。お隣の中国で5600万人である。タイ、香港、マレーシアはすでに2500万人規模なのだ。

2003年からスタートしていた訪日旅行促進事業（ビジット・ジャパン事業）の、現在の重点地域を見ると、全20市場中、半分はアジア圏である。

この中で、インドネシア、インド、マレーシアではとくにムスリム（イスラム教徒）の比率が高い。**世界のムスリム信者は約16億人といわれ、その6割以上がアジア圏で生活している**が、欧州にも1000万人以上いると言われている。

ムスリムの人々が日本に来て困っていることが二つある。一つは欠かすことのできない礼拝のための場所。もう一つが食事への不安である。

イスラム教では、神が認めたものしか口にできない。神が認めたもの（合法）をハラールという。また非合法なものはハラームと呼ぶ。語尾が違うだけで正反対である。また、「豚を食べてはいけない」といった生半可な知識だけでは対応できない点も注意が必要だ。

観光立国というからには、当然にこうした声にも対応できなければならない。このため、急激に企業や自治体もハラールへの関心を高めている。

しっかりとした「おもてなし」が必要

これまでムスリムの文化に馴染んでいない人にとっては、この機会にきちんと学んでおく必要がありそうだ。観光庁では「ムスリムおもてなしガイドブック」を作成しネットからも入手できる。とはいえ、政府・各省庁ではハラールに踏み込んだ対応はしていない。

150以上の企業や団体が会員となっている一般社団法人ハラル・ジャパン協会によれば、15以上のハラール認証を実施している団体がある。

世界的にも統一された認証の基準や方法があるわけではない。**唯一マレーシアのみが国レベルでの認証制度（JAKIM）を実施**しており、マレーシアの承認を受けている日本の認証団体もある。一つの基準はいまマレーシアにあると考えていいだろう。

国や地域、さらにイスラム教の宗派によってもハラールにどの程度厳密に、またどこを気にするかは異なっている点も理解しておく必要がある。「これはハラール認定だから」とこちらから押しつけるのではなく、あくまでも選択肢として用意する姿勢が求められる。

食に関して、もっとも幅広くムスリムの人たちに受け入れられやすいのは、野菜、果物、魚、卵、牛乳である。鶏肉、牛肉であっても厳密にはムスリムによって食肉処理されていることが求められる。

お店や宿泊施設などでは、食に関する部分だけではなく礼拝の場所を確保するなど、幅広い対応が求められている。また、きちんとした情報提供も必要だ。

CHAPTER 1-02

ブレクジットから読み解くEU

EUに未来はあるか

2016年6月23日、英国のEU（欧州連合）離脱をめぐる**国民投票は、離脱派が約52%、残留派が約48%となり離脱が決まった。**

EU離脱の決め手は移民問題

このとき、残留派は当時の首相であるデーヴィッド・キャメロン保守党党首をはじめ、最大野党の労働党議員の大半、スコットランド国民党（スコットランド民族党）の議員の多くであった。スコットランドは英国からは独立したいが、EUには残りたかったのだ。

離脱派は、保守党のボリス・ジョンソン下院議員（前ロンドン市長、現外務大臣）を筆頭に、マイケル・ゴーヴ前司法大臣（保守党）やナイジェル・ファラージ英国独立党党首が中心となった。

もっとも人々を離脱に向けたのは、移民問題であった。EUによってさまざまな制限を受けていると主張したジョンソン氏は、英国は独自の移民を管理する権利を獲得すべきだとしていた。英国はEUと離脱に向けた交渉を2017年からスタートする予定だ。

〈EU加盟国（英国離脱直前の状態）〉

EU加盟国と加盟年

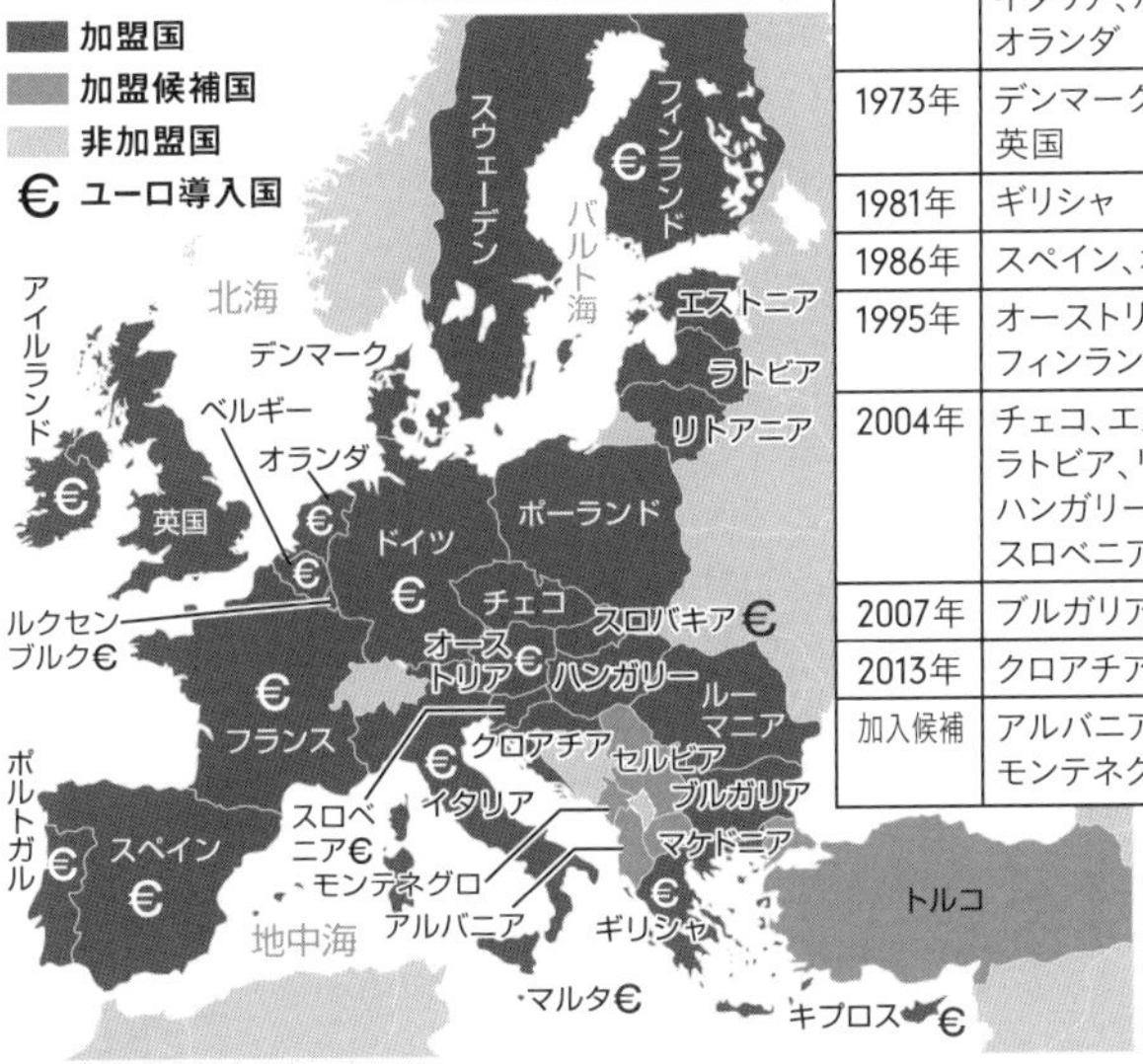

出典：外務省

1952年	ベルギー、ドイツ、フランス、イタリア、ルクセンブルク、オランダ
1973年	デンマーク、アイルランド、英国
1981年	ギリシャ
1986年	スペイン、ポルトガル
1995年	オーストリア、スウェーデン、フィンランド
2004年	チェコ、エストニア、キプロス、ラトビア、リトアニア、マルタ、ハンガリー、ポーランド、スロベニア、スロバキア
2007年	ブルガリア、ルーマニア
2013年	クロアチア
加入候補	アルバニア、セルビア、モンテネグロ

EU加盟国との歴史

1950年	シューマン宣言。フランスのシューマン外相が、独・仏の石炭・鉄鋼産業の共同管理を提唱
1952年	パリ条約により、ECSC（欧州石炭鉄鋼共同体）を設立 仏、独に加え、イタリア、オランダ、ベルギー、ルクセンブルクも
1958年	ローマ条約により、EEC（欧州経済共同体）、EURATOM（欧州原子力共同体）設立
1967年	ECs（欧州諸共同体）設立。上記ECSC、EEC、EURATOMを統合
1968年	関税同盟完成
1993年	マーストリヒト条約により、EU創設。単一市場始動
1999年	ユーロ（欧州統一通貨）を導入。2002年より流通開始
2009年	リスボン条約。フランス、オランダで欧州憲法条約の批准が否決されたため、 欧州連合条約、欧州共同体設立条約を修正することで対応した
2010年	ギリシャ危機。2015年にはユーロ離脱の危機も起こる
2016年	英国でEU離脱が国民投票で決まる。交渉は2017年以降

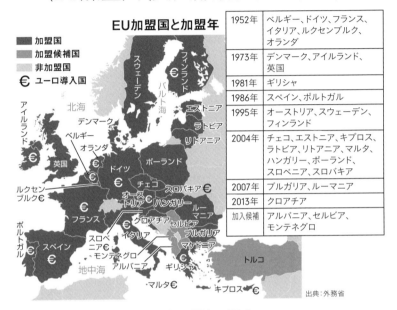

ドイツの強大化を阻むために誕生

第二次大戦後、東西に分裂した欧州だったが、1989年のベルリンの壁崩壊後、いよいよ欧州統一の機運が高まっていった。

このとき危惧されたのが、東西ドイツが統合後に再び帝国主義化すること、強大化して欧州を脅かす存在になることだった。

1992年に調印されたマーストリヒト条約によってEUは誕生した。以後、参加国を増やしながら拡大し、離脱を決めた英国を含め28ヵ国になっていた。

統一通貨ユーロ（EUR）もEU19、その他6の国と地域で公式通貨となっている。ドイツが自国通貨を放棄することで、**欧州単一市場として発展することができれば、ドイツのみが強大になって欧州の他の地域の脅威となる可能性は減少**する。

第二次大戦は英（ポンド）、仏（フラン）、米（ドル）と、ドイツ（マルク）、日本（円）の覇権争いと見ることもできる。いわゆる排他的なブロック経済圏を形成した結果、戦争に突入したのだった。

統一通貨の源流は1979年創設の欧州通貨制度にあるが、そもそもEUの元になった欧州石炭鉄鋼共同体設立条約（1951年調印・52年発効、パリ条約）の中核となったのは独仏伊の3国であった。当初は域内の関税撤廃などが主だったが、70年代に米ドルが変動相場制に移行してから、各国での為替の変動が大きな問題となり、統一通貨が浮上したのだ。

ＥＵと英国の不透明な未来

ＥＵは欧州連合理事会（議長国は６ヵ月交替の輪番制）が立法府であることからもっとも強い権限を持つ。欧州議会は加盟国による直接選挙で選ばれた７５１人の議員による。欧州人民党グループ（ＥＰＰ）が現在は第一会派となっており、それに比肩する社会民主進歩同盟（Ｓ＆Ｄ）と二大会派である。その議員の多くは独仏伊で占められている。

これまではドイツを包囲する側が主役だった。いわば第二次大戦の戦勝国やナチスドイツの被害を受けた国が中心だった。

しかし実質的に現在のＥＵの将来を握っているのはドイツである。これまではメルケルが首相として３期目を務めてきたが、任期は４年であり２０１７年秋は総選挙がある。これまでの二大政党だったメルケル首相が属するＣＤＵ（キリスト教民主同盟）とＳＰＤ（社会民主党）に加えて、反難民で支持を増やしているＡｆＤ（ドイツのための選択肢）など新たな勢力の台頭もあり予想がつきにくい。**ドイツの方針が変わるようなことがあれば、ＥＵも変革を迫られる**ことになる。

ＥＵの今後を巡る動きは、全加盟国の首相・大統領が集う欧州理事会（European Council）と欧州連合理事会（Council of the European Union）を注視したい。直接選挙で議員を選ぶ欧州議会も立法権がある。欧州理事会の常任議長（現在ドナルド・トゥスク氏）とジャン＝クロード・ユンケル欧州委員会委員長が、国際会議でもＥＵを代表している。

CHAPTER 1-03

形骸化している?・国連

戦後脱却と改革が進行中

名称と安保理に残る戦後

国際連合(国連)でいまもっともニュースに登場するのは、安全保障理事会(安保理)であろう。「国際の平和と安全に主要な責任を持つ」組織だからだ。もともと第二次大戦後に、かつての国際連盟では平和が維持できなかったことから、新たに設立されたのが国際連合である。この「連合」は、その主体が連合軍だったことに由来している。

国連が国連らしく主体的に権限を発揮できるのは、この安全保障理事会だけである。国連憲章に明記されているのだが、**国連の一般の機関は、加盟国に対する「勧告」しかできない。安保理だけが、加盟国が実施を義務づけられる決定を行う権限を持っている。**

安保理は、15ヵ国で構成されている。外務省によると世界には196ヵ国あり、そのうちの193ヵ国が加盟している国連であるが、もっとも重要な決定機関はわずか15ヵ国で構成されているのだ。

その中心となるのが常任理事国であり、中、仏、露、英、米の5ヵ国である。

〈国連は世界の問題を抱えている〉

国際連合の機構

<table>
<tr><td rowspan="2">国連</td><td colspan="2">総会 安全保障理事会 経済社会理事会 信託統治理事会 国際司法裁判所</td></tr>
<tr><td>事務局</td><td>経済社会局(DESA)、フィールド支援局(DFS)、総会・会議管理局(DGACM)、管理局(DM)、政治局(DPA)、広報局(DPI)、平和維持活動局(DPKO)、安全保安局(DSS)、人道問題調整事務所(OCHA)、国連人権高等弁務官事務所(OHCHR)、内部監査部(OIOS)、法務部(OLA)、アフリカ特別顧問室(OSAA)、子供と武力紛争事務総長特別代表室(SRSG/CAAC)、後発開発途上国、内陸開発途上国、小島嶼開発途上国担当上級代表事務所(UN-OHR-LLS)、軍縮部(UNODA)</td></tr>
<tr><td>国連の主な機関</td><td colspan="2">国連貿易開発会議(UNCTAD)、国際貿易センター(ITC)、国連開発計画(UNDP)、国連ボランティア計画(UNV)、国連資本開発基金(UNCDF)、国連環境計画(UNEP)、国連人口基金(UNFPA)、国連人間居住計画(UN-HABITAT)、国連難民高等弁務官事務所(UNHCR)、国連児童基金(UNICEF)、国連薬物犯罪事務所(UNODC)、国連パレスチナ難民救済事業機関(UNRWA)、世界食糧計画(WFP)、国連地域間犯罪司法研究所(UNICRI)、国連軍縮研究所(UNIDIR)、国連訓練調査研究所(UNITAR)、国連社会開発研究所(UNRISD)、国際連合大学(UNU)、国連合同エイズ計画(UNAIDS)、国連プロジェクトサービス機関(UNOPS)、ジェンダー平等と女性のエンパワーメントのための国連機関(UN-Women)、専門機関および関連機関、国際労働機関(ILO)、国連食糧農業機関(FAO)、国連教育科学文化機関(UNESCO)、世界保健機関(WHO)、世界銀行グループ(World Bank Group)、国際復興開発銀行(IBRD)、国際開発協会(IDA)、国際金融公社(IFC)、国際移住機関(IOM)、多数国間投資保証機関(MIGA)、国際投資紛争解決センター(ICSID)、国際通貨基金(IMF)、国際民間航空機関(ICAO)、国際海事機関(IMO)、国際電気通信連合(ITU)、万国郵便連合(UPU)、世界気象機関(WMO)、世界知的所有権機関(WIPO)、国際農業開発基金(IFAD)、国連工業開発機関(UNIDO)、世界観光機関(UNWTO)、包括的核実験禁止条約機関準備委員会(CTBTO)、国際原子力機関(IAEA)、化学兵器禁止機関(OPCW)、世界貿易機関(WTO)</td></tr>
</table>

国連予算 分担率上位国 2016年

	分担率[1]	分担金額[2]
米国(※)	22.000	594.0
日本	9.680	237.0
中国(※)	7.921	193.9
ドイツ	6.389	156.4
フランス(※)	4.859	119.0

	分担率[1]	分担金額[2]
英国(※)	4.463	109.3
ブラジル	3.823	93.6
イタリア	3.748	91.8
ロシア(※)	3.088	75.6

1=% 2=百万ドル ※安保理常任理事国 出典：外務省

日本は常任理事国入りできるか？

非常任理事国10ヵ国は、2年の任期で各地域での選挙で選ばれる。9票で決議できるのだが、常任理事国には「拒否権」があるため、拒否権を行使すれば否決される。

日本は2017年まで非常任理事国であり、1957年から選挙に参加し、1978年を除き毎回当選している。

日本はドイツ、インド、ブラジルと組んで、常任理事国入りを長年働きかけてきた。常任理事国を11ヵ国、非常任理事国も15ヵ国程度に拡大する案を推している。そのためには全加盟国の3分の2の支持を得て、国連憲章を改正しなければならない。全票の約4分の1を持つアフリカ勢の反対にあって一度は頓挫している。また、新しく常任理事国入りした国は拒否権を15年凍結する案で進められていたが、今後拒否権をどう扱うのかは不透明だ。

一方、EUを揺るがせているシリア難民の問題でも、国連難民高等弁務官事務所（UNHCR）が現場で奮闘している。世界に109の事務所、さらに341ヵ所もの現場事務所があり、総勢9300人以上が難民問題に携わっている。とはいえ、全世界で1240万人もの難民がいるのである。

世界が抱える問題を国連という戦後復興の体制づくりを目的とした機関でカバーするのには限界があるのではないか。

国連の改革は少しずつ進んでいる

国連のトップである事務総長は、潘基文《パンギムン》氏からアントニオ・グテーレス氏にバトンタッチされた。グテーレス氏はポルトガルの首相を務めたのち、ＵＮＨＣＲで長年活躍した人物だ。

この選出方法が、国連創設以来はじめての方法であった。

「事務総長は、安全保障理事会の勧告に基いて総会が任命する」と国連憲章にある。これまではいきなり安保理が勧告をしていた。候補を含め不透明だった。

事務総長になる人物は、安保理で拒否権を持つ国以外から選出する。それだけに安保理と対立しない人物を選んできたのである。

今回は、選出するのが安保理であることには変わりないのだが、**事前に立候補を受け付けて経歴を公表し、公開の立会演説会などで各自が主張する機会を設けた。**

２０１６年7月に12人(半数が女性)の候補者が決まり、国連総会で非公式対話を実施してネット中継された。その後、最終的に安保理はグテーレス氏を総会に勧告し、満場一致で事務総長に決めたのである。

グテーレス氏は、難民問題、社会的弱者とジェンダーの平等にとくに言及したことから、今後の国連運営は、こうした部分により力が注がれると期待されている。

国連の弱体化、無力化は再び世界を不安定化させる危険性がある。どのようにグローバル時代に合った国連へと改革できるのかが問われている。

CHAPTER 1-04

PKOで知る国際平和

テロや紛争を誰が止めるのか

駆けつけ警護とPKO

「駆けつけ警護」という言葉は、国際的には存在しない。簡単に言えば安全確保業務である。PKOに参加している自衛隊員たちが直接危険にさらされていないとしても、生命または身体に危害が加えられるおそれのある邦人などを保護するために活動をすることだ。

さらに、共に活動をしている米軍などの他国の部隊の要請による、武器の使用を含めた防護活動も含まれる。2015年の安全保障関連法の成立によって、自衛隊の活動範囲が拡大された。

PKOつまり、国連平和維持活動(United Nations Peacekeeping Operations)は、国連が紛争地域の平和の維持を図る手段である。これまで紛争当事者の間に立ち、停戦、撤退の監視をしつつ、紛争解決の支援をしてきた。ところが、多国籍軍(1991年の湾岸戦争以降)に象徴されるように、国連決議によるより強硬な手段も試されるようになった。**国内紛争とそれを支援する別の国、またはテロリストが関わる複雑な紛争が増えてきた**からだ。

〈世界平和は実現できるのか〉

国連平和維持活動(PKO)予算分担率

出典:外務省

	2014年度		2015年度		2016年度	
		分担率(%)		分担率(%)		分担率(%)
1	米国	28.3626	米国	28.3626	米国	28.5738
2	日本	10.833	日本	10.833	中国	10.2879
3	フランス	7.2105	フランス	7.2105	日本	9.68
4	ドイツ	7.141	ドイツ	7.141	ドイツ	6.389
5	英国	6.6768	英国	6.6768	フランス	6.3109
6	中国	6.6368	中国	6.6368	英国	5.7966
7	イタリア	4.448	イタリア	4.448	ロシア	4.0107
8	ロシア	3.1431	ロシア	3.1431	イタリア	3.748
9	カナダ	2.984	カナダ	2.984	カナダ	2.921
10	スペイン	2.973	スペイン	2.973	スペイン	2.443

なお2015年度の例では、全加盟国の分担金総額は約82億7600万ドルだった。そのうちの10.833%を日本が負担(約8億4800万ドル)。なお国連のPKO予算は単年度予算(7月1日から翌年6月30日)となっており、この15年で約3倍に増加している。

「平和安全法制」の構成

整備法(既存の法律の一部改正)	
平和安全法制整備法―「我が国及び国際社会の平和及び安全の確保に資するための自衛隊法等の一部を改正する法律」	
1	自衛隊法
2	国際平和協力法―「国際連合平和維持活動等に対する協力に関する法律」
3	周辺事態安全確保法→「重要影響事態安全確保法」に変更―「重要影響事態に際して我が国の平和及び安全を確保するための措置に関する法律」
4	船舶検査活動法―重要影響事態等に際して実施する船舶検査活動に関する法律
5	事態対処法―「武力攻撃事態等及び存立危機事態における我が国の平和及び独立並びに国及び国民の安全の確保に関する法律」
6	米軍行動関連措置法→「米軍等行動関連措置法」に変更―「武力攻撃事態等及び存立危機事態におけるアメリカ合衆国等の軍隊の行動に伴い我が国が実施する措置に関する法律」
7	特定公共施設利用法―「武力攻撃事態等における特定公共施設等の利用に関する法律」
8	海上輸送規制法―「武力攻撃事態及び存立危機事態における外国軍用品等の海上輸送の規制に関する法律」
9	捕虜取扱い法―「武力攻撃事態及び存立危機事態における捕虜等の取扱いに関する法律」
10	国家安全保障会議設置法
新規制定	
11	国際平和支援法―「国際平和共同対処事態に際して我が国が実施する諸外国の軍隊等に対する協力支援活動等に関する法律」

PKOは1948年から軍隊と警察と民間人で

PKOの歴史はすでに60年以上に及ぶ、国連の平和維持活動である。1948年にUNTSO(国連休戦監視機構)を設置した。これは国連安全保障理事会によるアラブ・イスラエル戦争の停止を目的としたもの。パレスチナでの休戦の呼びかけと休戦を監視することが主で、軍事監視団の援助を受け国連調停官によって開始され、現在も続いている。

当初からPKOは紛争を避けるために国連から派遣する人々と軍隊、警官からなる。平和を維持するだけではなく、治安の回復や選挙を監視する役目などもある。

以来、71のオペレーションを実施してきている。うち16が継続中だ(2016年8月現在)。**約8万5000人の兵士、約1万3000人の警官、民間人、市民、ボランティアなど含め約12万人が関わっている。**

自衛隊は1992年に成立した国際平和協力法(国際連合平和維持活動等に対する協力に関する法律)などによってPKO参加をスタート。カンボジア(UNTAC、国連カンボジア暫定機構)から現在継続中の南スーダン(UNMISS、国連南スーダン共和国ミッション)まで14のPKOに参加している。

国際緊急援助法に基づいて自衛隊が実施した国際緊急援助活動や、旧テロ対策特措法に基づく協力支援活動、補給支援特措法に基づく補給支援活動、イラク人道復興支援特措法に基づく活動などに加えて海賊対処・警備なども実施してきている。

多国籍軍、有志連合による活動

自衛隊は戦争には加わらない。このため、いわゆる多国籍軍、近年では有志連合（Coalition of the willing）と呼ばれる活動への参加は議論を呼ぶ。イラクに対する空爆は、有志連合によって実施されている。いったい、これは国連で認めているのであろうか。

湾岸戦争は1990年にイラクのクウェート侵攻に対して国連の武力行使容認決議で軍の派遣を決定、空爆を開始したときに多国籍軍という言葉が一般化した。14の国が戦闘に参加。18ヵ国が非戦闘支援をした。日本とドイツは資金援助のみの参加だった。

2001年9月11日の米国の同時多発テロをきっかけに、**テロとの戦いを宣言した当時のジョージ・W・ブッシュ米大統領に賛同し、国連加盟国の189ヵ国がテロ非難決議に賛同。**対テロとしてのアフガニスタンでの活動を開始。このとき、国際治安支援部隊として米国主導でNATO（北大西洋条約機構）の活動が認められた。

その後のイラク戦争では日本を含め、多国籍軍として活動。

2014年、過激派組織ISILに対する攻撃として「生来の決意作戦」が開始された。米国をはじめとする有志連合によるイラクでのISIL拠点への空爆はその後シリアにも拡大している。有志連合に加わっていないロシアも独自に空爆を開始。ほかにトルコなども個別に空爆をしている。国連の存在感は薄いのが現状だ。

CHAPTER 1-05

パリ協定、TPPで知る協定と条約

国の権利と利益

国益――構造改革と安全保障

日本ではTPP(環太平洋パートナーシップ協定、Trans-Pacific Strategic Economic Partnership Agreement)が、2016年秋の通常国会では大きな争点となった。衆院特別委員会で安倍晋三首相は、TPPは日本の経済成長に不可欠としたが、さらに安全保障上でも重要とした。前年に米国連邦議会上下両院合同会議で安倍首相が「単なる経済的利益を超えた、長期的な、安全保障上の大きな意義がある」と演説しているのだ。

ところが米大統領選でTPP反対派の共和党候補ドナルド・トランプ氏が新大統領となったことからTPPが揺れているのである。

条約は、署名、国会による承認、批准書・受諾書・加入書の交付によって発効する。各条約には発効の条件が付されている。

TPPは12ヵ国による経済連携協定であり、2015年のアトランタ閣僚会合で大筋合意したものだ。TPP協定の署名式は翌年2月に終え、各国の発効手続きに入っている。

〈揺れているTPP〉

TPP法案の概要

出典：内閣官房

1		原産地手続、セーフガードに関する手続等の規定の整備を行う。（関税暫定措置法及び経済上の連携に関する日本国とオーストラリアとの間の協定に基づく申告原産品に係る情報の提供等に関する法律）
2		知的財産について、以下の規定の整備を行う。
	(1)	著作権等の存続期間の延長、著作権等を侵害する罪のうち一定の要件に該当するものについて告訴がなくても公訴を提起できることとする等の規定の整備を行う。（著作権法）
	(2)	発明の新規性喪失の例外期間の延長、特許権の存続期間の延長制度の規定の整備を行う。（特許法）
	(3)	商標の不正使用についての損害賠償に関する規定の整備を行う。（商標法）
3		外国にある事業所において管理医療機器等の基準適合性認証の業務を行う認証機関の登録、監督等の規定の整備を行う。（医薬品、医療機器等の品質、有効性及び安全性の確保等に関する法律）
4		独占禁止法違反の疑いについて、公正取引委員会と違反の疑いがある者との間の合意により自主的に解決する制度の規定の整備を行う。（私的独占の禁止及び公正取引の確保に関する法律）
5		肉用牛及び肉豚についての交付金の交付並びに輸入加糖調製品の砂糖との価格調整に関する措置等の規定の整備を行う。（畜産物の価格安定に関する法律、砂糖及びでん粉の価格調整に関する法律及び独立行政法人農畜産業振興機構法）
6		国際約束により相互に農林水産物等の名称を保護することとした外国の当該名称を保護できることとする等の規定の整備を行う。（特定農林水産物等の名称の保護に関する法律）

TPP参加国

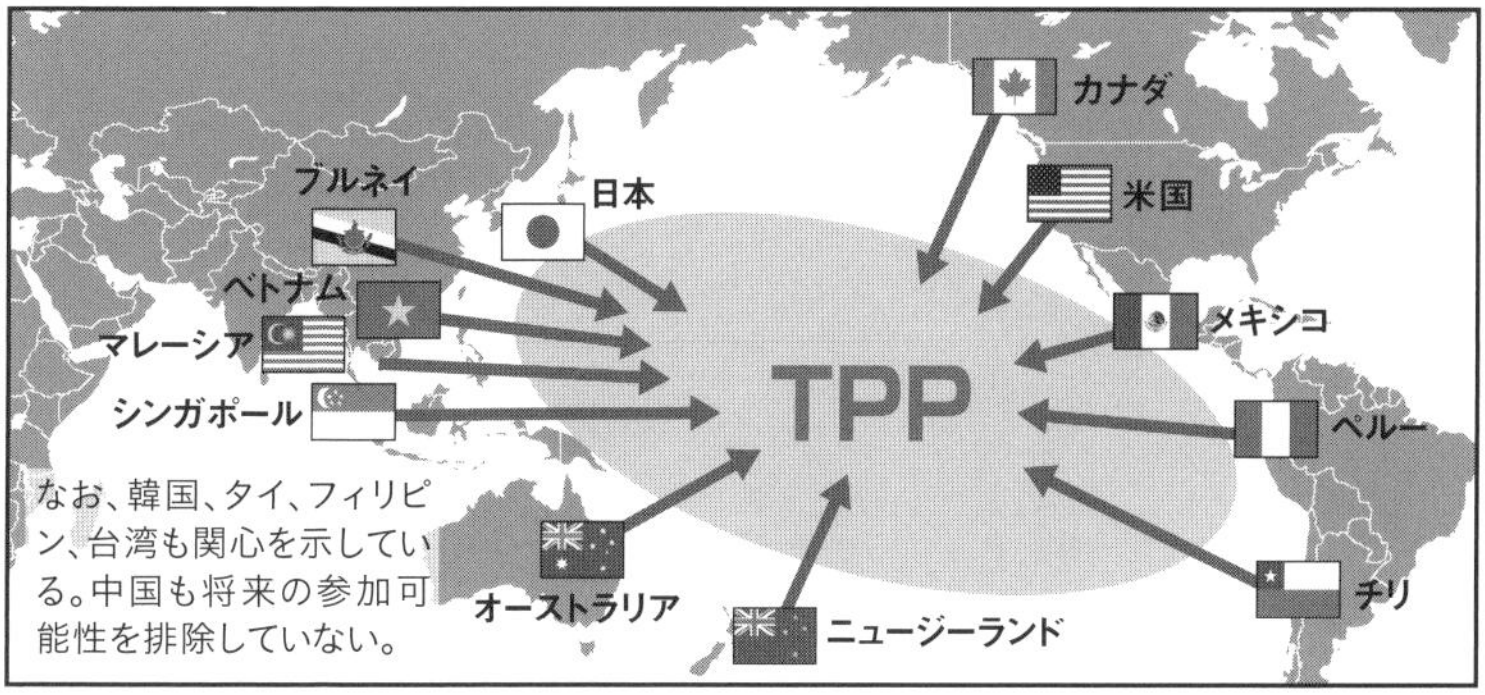

米国が慎重になったTPP

参加する12ヵ国で全世界のGDPの約4割を占めるが、条約が効力を持つには次の条件を満たす必要がある。

1、署名から2年以内に参加12ヵ国が議会の承認など国内手続きを終えたとき。

2、1ができなかったときは、12ヵ国のGDPの85％以上を占める少なくとも6ヵ国が手続きを終えてから60日後。

TPPそのものには安全保障は含まれていないが、アジアにおける日本の存在感が低下しつつある中で、米国も加わることを前提に参加に踏み切った。

そもそもシンガポール、ニュージーランド、チリ、ブルネイの4ヵ国の話し合いでスタートしたTPPに、米国が乗り出して拡大をはじめたところで、最後の最後に日本も参加をしたのである。

国会でTPP法案を可決し、条約を承認すれば、条約は国内法に優先して拘束力を持つことになる。日本にとっては本来の目的(米国との緊密な関係性)を得られなければむしろマイナスではないかという意見も出ている。

それはこのTPPが2国間の貿易協定以上に多くの分野にわたって取り決めをしているためである。関連法の改正も著作権法、特許法などの知財、医薬品、独禁法、農業関係までと幅広く影響が大きいのである。

グローバル化の中での条約・協定

２０１６年11月８日、政府は「パリ協定」を受諾することを決定した。２０１５年、パリで開かれた第21回気候変動枠組条約締約国会議（ＣＯＰ21）で締結された、**気候変動抑制に関する多国間の国際的な協定であり、１９７ヵ国が参加する初めての大規模な協定**となった。

温室効果ガスの削減等を中心としており、日本ではこの協定を受けて２０３０年度に温室効果ガスを26％削減する目標を立て、今後実行していくことになる。２００５年の京都議定書の発効以後、地球温暖化対策推進本部（官邸）が中心となって対応してきた。

このように条約・協定は国同士で結ぶ約束で、国内法に優先する。ただし条約・協定の位置づけは国によっても違い、明確な定義はない。

国際間、または国際会議においては合意できた内容が、国内事情によって受け入れられなくなる可能性は常に存在している。参加国が増えれば増えるほど、その間に選挙によって政治の方針が変化することもあり、効力を持つまでに年月がかかってしまうこともあるのだ。たとえば日ロ平和条約は、第二次大戦後のサンフランシスコ講和条約に当時のソ連邦が調印しなかったことから延々と結ばれないままに65年以上も交渉のみが続いてきた。

このように政府間では滞りがちな条約・協定だが、経済を含め人々の活動のグローバル化は加速しており、その影響力は大きい。

CHAPTER 1-06

国際会議から見る力関係

どの国の発言権が高まっているのか

サミットでなにが決まるのか？

２０１６年5月のＧ７伊勢志摩サミットでは、世界経済、移民及び難民、貿易、インフラ、保健、女性、サイバー、腐敗対策、気候、エネルギーと多岐にわたるテーマが話し合われＧ７としてのコミットメント（公約）を表明している。

この会合は、わずか世界の中の7ヵ国ではあるが、国際的な取り組みを主導する特別な責任を有する、との立場から今後の検討課題を確認し方向性をお互いに理解し合うことを目的としている。**持ち回りで議長を務めることから、議長国の意向、主要な関心事についてもテーマとなる。**対テロや難民問題以外に、アベノミクスの「三本の矢」、ＴＰＰ、日本とＥＵの経済連携協定（ＥＰＡ）、北朝鮮の核実験と弾道ミサイル、広島宣言（核兵器廃絶）、国連改革、福島原発の廃炉、富山物質循環フレームワークなどが話し合われた。

２０１７年以降、イタリア、カナダ、フランス、アメリカが議長国となる予定だ。

１９７５年に始まり、ロシアを含めＧ８だった時期もある（98年～13年）。

〈経済と環境は大きなテーマだ〉

主要国首脳会議(サミット)

G5	G7	G8
当初5ヵ国で開催予定だったが、実際にはイタリアが不服として開催されず	1975年第1回ランブイエ	1997年第23回デンバー ロシアが加わる
米国	米国	米国
英国	英国	英国
フランス	フランス	フランス
ドイツ(※1)	ドイツ	ドイツ
日本	日本	日本
※1=1990年までは西ドイツ ※2=イタリアを加えるにあたってカナダも加えたが1回目はカナダは不参加 ※3=1977年第3回ロンドンより不定期参加 ※4=ロシアは2013年ロック・アーン以降参加していない(ウクライナ問題) ※5=2000年第26回沖縄より不定期参加	イタリア	イタリア
	カナダ(※2)	カナダ
	EC(※3)	ロシア(※4)
		EU(※5)

G7/G8の主な内容

G7伊勢志摩サミット 2016年	強固で、持続可能な、かつ、均衡ある成長に貢献するため、世界経済、移民及び難民、貿易、インフラ、保健、女性、サイバー、腐敗対策、気候、エネルギーの分野でのコミットメントを発展
G7エルマウ・サミット 2015年	自由及び民主主義の価値、並びにその普遍性、法の支配及び人権の尊重、そして平和と安全を促進することにコミット。G7諸国として、自由、主権及び領土の一体性を堅持するとのコミットメントにおいて一致団結する
G7ブリュッセル・サミット 2014年	我々は、自由及び民主主義の価値並びにその普遍性に深く関与し、人権と法の支配の尊重を含む、開かれた経済、社会及び政府を信じる
G8ロック・アーン・サミット 2013年	民間企業の活動は、世界中の人々のために、成長をもたらし、貧困を削減し、雇用と繁栄を創出する。政府は、適正なルール作り、良きガバナンスの促進に特別な責任を有する。公平な租税、透明性の向上及び開かれた貿易は、このための重要な原動力である
G8キャンプ・デービッド 2012年	世界経済……成長及び雇用の促進は我々にとって必要不可欠。エネルギー及び気候変動……環境に安全で、持続可能で、確実かつ受容可能な価格となる形で伝統的・再生可能・クリーン技術等上記全てのエネルギー源の適切な構成比を追求。我々は、エネルギー貿易を推進するため、インフラ面や市場アクセスの障壁除去にコミット

※前文、アジェンダ、宣言などから一部を抜粋　出典:外務省

G20参加国	G8に加えて、EU、中国、韓国、インド、インドネシア、オーストラリア、トルコ、サウジアラビア、南アフリカ、メキシコ、ブラジル、アルゼンチン

国際政治の舞台として個別会談が重要

全体での話し合いのほかに、前後に各国の大臣級の会合があり、そこで議題に沿った具体的な検討をしている。このためサミットそのものはセレモニー的に見られがちだ。しかし、これだけの首脳が同じ場所にいることから、二国間で個別の首脳会談も併せて行われ、それが今後の国際情勢を占うヒントにもなっている。

これは他の国際会議でも同様だ。とくに近年はG7以上に注目を集めているのがG20である。1999年の20ヵ国・地域財務大臣・中央銀行総裁会議からはじまり、世界経済についてをテーマとしていたが、グローバリゼーションの進展による金融危機の増加などによって2008年からは首脳会議も併せて開かれるようになっている。

この会議に参加する国・地域で世界のGDPの9割を占める。

2016年9月には中国・杭州で開かれた。二国間の首脳会談だけではなく、立ち話でさえも話題になる。2017年以降はドイツ、アルゼンチンでの開催が予定されている。

G20に先だって20ヵ国財務大臣・中央銀行総裁会議が開催され、そこで現状認識を含めた具体的な議題を検討する。これらの内容はG7ともほぼ重なって資源、環境、貧困など多岐にわたる。それがG20にも反映されていくわけだが、G20では「国際経済協力」をテーマとしている点でG7とは位置づけが異なる。

CHAPTER 2

会社では覚えられない経済の常識

CHAPTER 2-01

経済停滞20年、デフレ15年

アベノミクスで抜け出せるか

教科書にもなかったデフレ

物価が持続的に下落するデフレーション。インフレーションの反対であるが、実は**日本経済がデフレに陥ったことは、21世紀を境にした現在の事態まではなかったこと**である。1973年の狂乱物価に代表されるようなインフレの方が関心事であった。デフレ分析の先駆けとなった岩田規久男氏の『デフレの経済学』によれば、デフレに関する記述がこれまでの教科書でもほとんどないという。例えばマンキューの『マクロ経済学』(94年)が出るまで、米国で標準とされた『マクロ経済学』(ドーンブッシュ、フィッシャー、87年)には、デフレーションという用語は一度もでてこないそうだ。

デフレは大恐慌のときか、それ以前の出来事であり、多くの国の中央銀行の仕事はインフレ退治であり、「インフレ・ファイター」と称してきたのである。98年からのデフレに対して有効な施策を行えていないという批判が、日銀に寄せられていったが、それも仕方のないことだったのかもしれない。

〈GDPギャップの推移〉

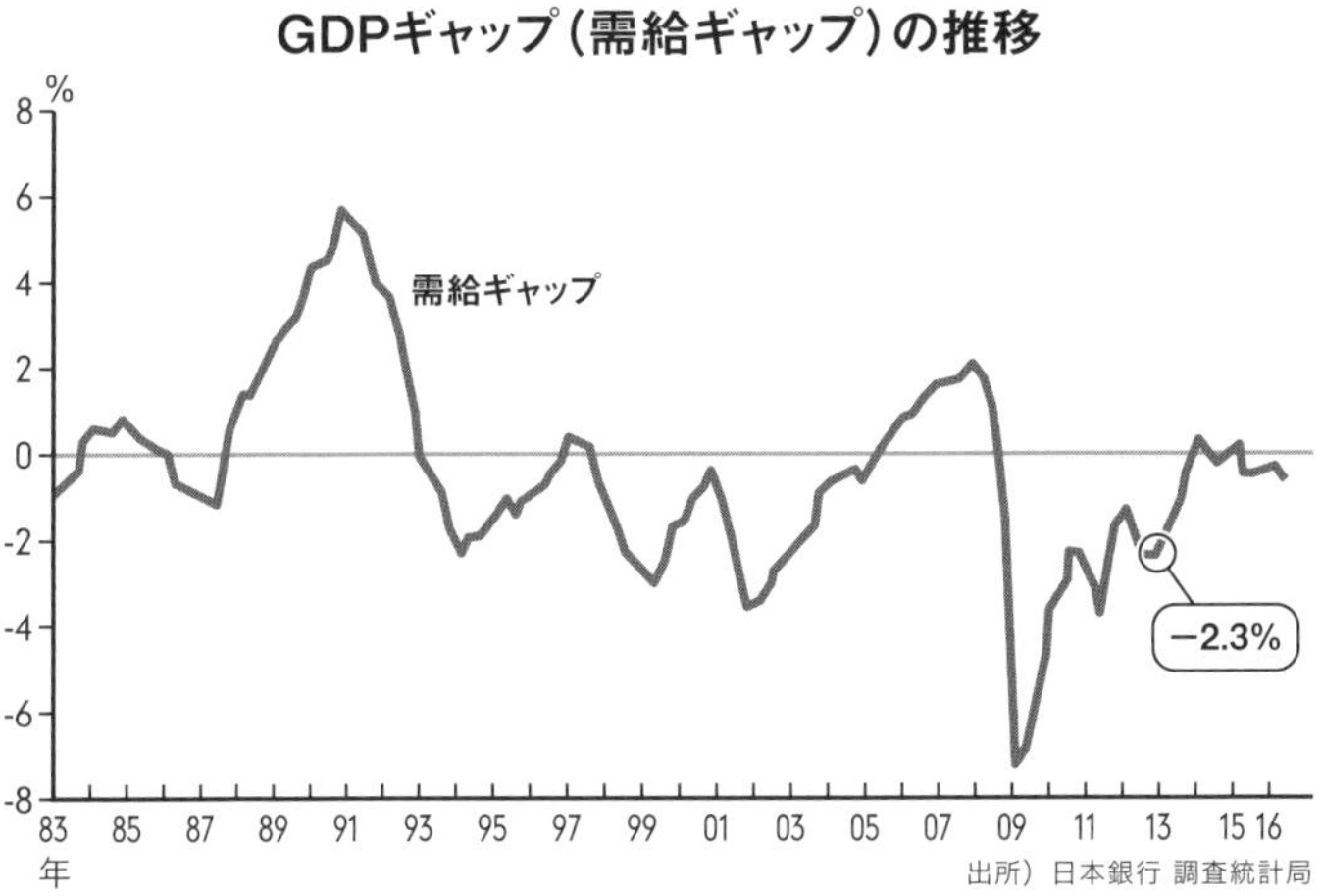

GDPギャップとは日本経済の潜在的な需要と供給の差がどれだけあるのかを示す指標。
13年の1–3月期で−2.3%。供給に対して、需要が2.3%少ないことを意味している。これは年間の金額に換算して10兆円ほど需要が足りない状況を表す。90年のバブル期までは需要が伸び、バブル崩壊後は、概ね需要が不足しているのがわかる。09年の落ち込みはリーマン・ショックの影響である。
13年以降、改善の兆しはでてきている。

GDP(デフレ)ギャップの存在

日本がデフレに陥ったのはバブル崩壊後である。バブル時代(80年代後半～90年代前半)は、地価が上がり株価も上がるというバブル経済にわいた。日経平均株価は3万円台を超え「土地と株価は上がり続ける」と考える人が少なくなかった。景気は拡大したため、企業は強気で借金をして設備投資をして土地を買った。ところが一転バブルは崩壊、買った土地や株は下がり、また借金も残った。そこではじめに生じたのは資産デフレ(資産価格の下落)だった。そして次第に様々な商品やサービスの価格まで下がり始めた。97年には山一証券の金融破綻など金融危機が起きる。デフレはその翌年の98年からのこと(正式な認定は01年)。IMF(国際通貨基金)は、物価下落が「2年以上」続く状態をデフレと定義している。

デフレになった要因は、バブル期に、企業は多くの投資をして、大幅に設備が増えた。だが**バブル崩壊で消費は落ち込み、供給過剰の状態が続いていることが大きい**とみられている。供給>需要となっているのだ。ほかにも円高と急伸したアジアからの低価格な輸入品が増えたことも、物価を押し下げる方へ向かう。さらに非正規雇用の増大で不安定な立場の若者が増えたため、消費が伸びないという問題もある。GDPギャップ(図)という指標でみれば、2013年度でマイナス2・3%だ。

デフレ脱却を目指すアベノミクス

20世紀を代表する経済学者のケインズは「インフレは不公正であり、デフレは不都合である」といっている。インフレは貨幣保有者に不公平になるが、デフレは労働者を失業に追い込むので不都合だというのだ。デフレの方が悪いという指摘である。

ひとたびデフレになると、企業は投資を縮小し経済活動は不活発になる。売り上げが減り利益も減るので、社員の給料を下げたりリストラを行ったりする。そうなれば社員も消費を減らす。消費が減ると、また企業の売り上げは減るという悪循環に陥ったりする。この悪循環が深刻になることをデフレ・スパイラルという。実際、日本は90年代後半から00年代初頭にかけてデフレ・スパイラルの淵にいるといわれたのだ。

財政も悪化する。企業の儲けや個人の所得が減少するので、税収も目減りする。例えば、90年度には約60兆円あった国の一般会計の税収は、09年度には約39兆円まで落ち込んでいる。12年度には43兆円にまで回復したが、それでも90年度の約7割である。デフレがはじまった初期には、モノの値段が下がっていいのではという「良いデフレ論」という意見があったが、**これらの状況をみれば、それは誤謬《ごびゅう》というしかない。**

G20の国で、唯一デフレとなった日本。そこからの脱却を図るための政策として登場したのがアベノミクス(特に第一の矢=大胆な金融緩和とインフレ目標)だ。

CHAPTER 2-02

アベノミクスと経済政策

長期のデフレからの脱却を目指す

日銀と協力して金融を緩和

２０１２年末に政権交代した安倍首相は、都内で開かれた新聞社主催の懇話会で自身の経済政策について講演をした。その発言は「最大の問題点は長引くデフレだ。すべての政策を総動員するときにきている」といい、後にアベノミクスと呼ばれる経済政策を披露した。ちなみにアベノミクスの名は、１９８０年代後半から90年代初頭にかけて米国のレーガン大統領が実施したレーガノミクス（レーガンの経済政策）を意識したものである。

その内容は、「三本の矢」と称し（15年末からは「新三本の矢」といい第２ステージに入る）、**①大胆な金融緩和、②機動的な財政出動、③企業の投資を促す成長戦略で日本経済の再生を目指す**というものだ。中でももっとも力をいれて説明したのが、日本銀行の金融政策であった。デフレ脱却のために、政府と日銀が協力して、消費者物価の前年比上昇率の目標を決めて達成できるまで金融緩和を続けると訴えた。これは２０００年代に学界・経済界で論争を巻き起こしたリフレ派の唱える「インフレ目標政策」の実施にほかならなかった。

〈主なインフレ目標の採用国〉

国名	開始時期	目標インフレ率	目標設定主体	ターゲットから乖離《かいり》が生じた時に求められる対応
ニュージーランド	1988	0〜3%	中銀総裁と大蔵大臣の合意	免責条項(間接税の変更、輸入価格の変動など)に該当する以外の事象で乖離した場合、総裁は罷免されうる。また、乖離が生じた場合等には、説明責任を負う
カナダ	1991	2 ±1%	中銀総裁と大蔵大臣の合意	明示的な規定なし
英国	1992	2.5%	政府(大蔵省)	目標値から上下1%を超えて乖離した場合、その理由、対応策、回復までの期間等を内容とする公開書簡を大蔵大臣に発出する
スウェーデン	1993	2 ±1%	中銀	明示的な規定なし
オーストラリア	1993	中期的に平均2〜3%	中銀が設定し、大蔵大臣が支持	明示的な規定なし
韓国	1998	2.5 ± 1%(2000年平均)中期目標として年平均2.5%(2001年〜)	中銀(政府と協議)	明示的な規定なし
ブラジル	1999	6%± 2%(2000年末)4 %± 2%(2001年末)	政府(中銀と協議)	目標値から乖離した場合、その理由、対応策、回復までの期間を内容とする公開書簡を政府に発出する
インドネシア	2000	3〜5%近傍	中銀	明示的な規定なし

出所)日本銀行企画室の資料を基に作成

インフレ目標政策に踏み切る

インフレ目標政策(インフレターゲット論)とは、中央銀行(中銀)が物価を安定させるために、一定の物価上昇率の目標を設定し、その達成を優先させる金融政策である。88年にニュージーランドで採用され、現在までに20ヵ国以上が採用してきた。**もともとは高めの物価上昇率を低く抑えるためのもので、物価を引き上げてデフレから抜け出す政策ではなかった。**この政策を最初に提案したのは米国の経済学者ポール・クルーグマン氏だとされている。日本でも2000年初頭には、この政策をめぐり支持派と反対派が生まれ『インフレ・ターゲティング』(01年、伊藤隆敏著、増補改訂版は『インフレ目標政策』)という著書もでている。デフレからインフレにする政策をリフレーション(=通貨再膨張)政策といい、はやくからリフレ政策を唱えていたのが、岩田規久男氏(元学習院大教授)、浜田宏一氏(米エール大名誉教授)、伊藤隆敏氏(当時東大教授、現在政策研究大学院大学教授)らのリフレ派である。

日銀がインフレ目標を設定して大量にお金を供給すれば、人々がインフレを予想して行動するようになるという仮説が、共通の基盤になっている。13年3月に日銀総裁になった黒田東彦氏(同時に副総裁に岩田規久男氏も就任)もリフレ派であり、その後は長年の主張の是非が問われる立場にたっている。

マクロ・ミクロの政策を実施

アベノミクスを実現していくために安倍首相は組織の置き方にも工夫をこらしている。なかでも自らトップを務めたのが、「経済財政諮問会議」と「日本経済再生本部」である。諮問会議は、小泉政権時代に「改革のエンジン」として機能していた。中心メンバーには経済財政政策担当相の竹中平蔵氏（現慶応大学教授）がおり、この時期には小泉竹中路線（ライン）とも呼ばれた。09年には野田政権（民主党）となり、同政権は諮問会議を「自民党を象徴するもの」として休止としていた。12年に再び安倍政権になり、小泉政権の手法を参考にしようと復活させたとみられる。

諮問会議は、財政政策などの「マクロ経済」を受け持つ。メンバーは議長のもとに、経済財政相ほかの関係する大臣、財界人、学者らの民間議員、日銀総裁で、経済財政運営の戦略である「骨太の方針」などを決める。

再生本部は、企業の支援策などの「ミクロ経済」を担い、新たな成長戦略を策定する。すべての閣僚が参加して、再生本部の下に産業競争力会議をおいて、具体的な成長戦略、産業の育成策について検討するというものである。すなわち第三の矢についての戦略を練る場であり、特定エリアでの規制を緩和した経済戦略特区（九州、福岡のロボット特区）などの戦略は、この場から生まれた。

CHAPTER 2-03

日本銀行と異次元緩和

物価上昇は起きるのか

中央銀行の歴史と日銀の機能

アベノミクスの登場で、注目を浴びるのが日本銀行（中央銀行）である。中央銀行は最初に理念があって作られたものではない。各国の経済情勢に対応するうちに次第に進化してきた機関だ。世界最古はスウェーデンリクスバンク（１６６８年）。２番目がイングランド銀行（１６９４年）である。日本銀行は１８８２年に創設されている。米国のＦＲＢ（連邦準備制度理事会）は日銀より後の１９１３年。イングランド銀行が銀行券発行を独占するようになったのは、１８００年代の半ば。その後、金融恐慌を通じて経営危機に陥った銀行に対し「最後の貸し手」として資金を貸す役割を担うようになったとされている。

日本銀行は、西南戦争後のインフレーションを収束させるために、当時大蔵卿の松方正義によって欧州をモデルにして設立されている。なお、松方蔵相はインフレ抑制のために紙幣を回収したため、物価が下がり「松方デフレ」（１８８１〜84年）と呼ばれるデフレを起こしている。

〈各国中央銀行の設立時期〉

中央銀行	設立年	通貨
スウェーデンリクスバンク	1668	クローナ
イングランド銀行	1694	ポンド
フランス銀行	1800	ユーロ
オランダ中央銀行	1814	〃
ベルギー国民銀行	1850	〃
ドイツ・ライヒス銀行	1876	〃
日本銀行	1882	円
イタリア銀行	1893	ユーロ
スイス国民銀行	1905	スイスフラン
米国連邦準備制度理事会(FRB)	1913	米国ドル
カナダ銀行	1934	カナダドル
欧州中央銀行(ECB)(注)	1998	ユーロ

(注)2016年9月現在加盟しているのは、EU加盟28ヵ国のうちオーストリア、ベルギー、キプロス、エストニア、フィンランド、フランス、ドイツ、ギリシャ、アイルランド、イタリア、ラトビア、リトアニア、ルクセンブルク、マルタ、オランダ、ポルトガル、スロバキア、スロベニア、スペインの19ヵ国　出所)日本銀行のHPを基に作成

日本銀行の役割とは

日本の中央銀行である日銀の役割とはなにか。それは「物価の安定と信用秩序の維持」ということになる。物価の安定とは、インフレでもデフレでもない、安定した物価水準を保つことだ。信用秩序の維持とは、銀行の銀行として、日銀が民間銀行間の資金決済サービスの中核や、紙幣発行の担い手であるということである。そして**日銀の3大機能というのは、①発券銀行（日銀券を発行する）、②銀行の銀行、③政府の銀行である。**

①「発券銀行」でいえば、日銀券（紙幣）を発行するのが日銀で、コインは政府が発行している。紙幣とコインを一度みてもらいたい。紙幣は日本銀行券、コインは日本国となっている。②「銀行の銀行」は、政策金利操作や公開市場操作、支払準備率操作を通じて、市場に出回るお金の量を調節して、物価の安定化に寄与すること。③「政府の銀行」は、国庫金の出納業務（年金等）、国債業務、国際業務（外国為替市場への介入）だ。

日銀は政府に関連する機関とはいえ、独立性を担保されている。金融政策は政策委員9人（総裁1、副総裁2、審議委員6）の合議制で決まるとされており、「委員のメンバーは政府と意見を異にすることを理由に解任することはできない」（日本銀行法25条）とある。

異次元緩和という金融政策

日銀は伝統的にインフレ時には果敢に行動してきたが、デフレには消極的であった。バブル崩壊後も、諸外国で導入されたインフレ目標政策をとらず、各国が量的緩和政策を強化したときも、小出しの緩和策に終始。そのため不況は長引き、デフレ不況は日銀の失敗とまで批判された。2013年に、リフレ派の黒田東彦総裁に代わってからは、2％のインフレ目標政策をうちだし「量的・質的緩和」政策をとっていった。これは日銀が国債のほか上場投資信託などの多様な資産を積極的に買い入れることだ。これまでとは次元の違う金融緩和であることから、それ以降は「異次元緩和」と呼んだ。市中に出回るお金の指標としてのマネタリーベース（日銀が供給する通貨の量）でみると、12年末138兆円だったのが14年末の見込みでは倍増となった。15年に史上初の300兆円を突破。16年11月時点では420兆円だ。

13年刊行の『リフレが日本経済を復活させる』（岩田規久男、浜田宏一ほか）では、リフレ派が自説を展開。共通する考え方として**物価の変動は通貨供給量で決まるとする「貨幣数量説」（MV=PT　Mは通貨供給量、Vは貨幣の流通速度、Pは物価、Tは取引量）がある。**これは通貨供給量と物価に注目したミルトン・フリードマンがマネタリズムの論拠とした学説。異次元緩和の影響で、日本経済はその後、円安、株高となった。2％の物価上昇については、18年度へ先送りとなりまだ審判を下せない。

CHAPTER 2-04

TPP(環太平洋パートナーシップ協定)の行方

自由貿易は国を豊かにする

リカード・モデルが根幹

国境を越えた取引を貿易という。自由貿易の推進が国を豊かにするということを理解する上で欠かせないのが**リカードの比較優位の原則(比較生産費説)である。これが自由貿易論の根幹にある**ので、おさらいしよう。A国とB国があり、ともに小麦と自動車を作っており、労働力は同じ100人体制だとする(左ページ図参照=1貿易前)。生産量をみれば、小麦はB国が、自動車はA国が生産性が高いことがわかる。このとき、B国は小麦の生産で絶対優位にある(自動車は逆)という。しかしポイントは、比較優位という考え方である。A国においては自動車生産において、自国ではより生産性が上がるので、比較優位にあるといえる。同じくB国は小麦において比較優位にある。そこで、各々がその品目に特化し、貿易をすればどうなるか。図の2貿易後のようにどちらも生産量が上がる。ゆえに、それぞれの国で品目に特化して生産し、貿易で補完しあえば、双方ともより豊かになるということだ。

〈リカード・モデルでみた比較優位〉

1 貿易前

	小麦		**自動車**	
	労働者	生産量	労働者	生産量
A国	100	80	100	120
B国	100	140	100	100
計		220		220
小麦・自動車総計				440

2国が小麦、自動車をつくった総額は440

2 貿易後

	小麦		**自動車**	
	労働者	生産量	労働者	生産量
A国	0	0	200	240
B国	200	280	0	0
計		280		240
小麦・自動車総計				520

A国が自動車、B国が小麦に生産を特化すれば、総額は520に増大する

比較優位の方に特化すれば、生産量は440から520へと80増大する。後は貿易をすれば双方の国とも、貿易前より豊かになることになる。ただ各国にはそれぞれ抱える事情もあるので、現実には何らかの調整がいる。

ＴＰＰは成長戦略の一環

前ページの図では、Ａ国は自動車生産、Ｂ国は小麦に対して絶対優位があった。しかし仮にＡ国がどちらも絶対優位にあった場合でも、自国で比較優位な品目に特化したほうが生産性は上がる。つまり貿易を前提とすれば、自国ですべてを生産するよりも、比較優位な財を生産するほうがよいことになる。ノーベル経済学者のサミュエルソンは、このリカードの比較優位の理論を「いままで発見された経済学の理論の中でももっとも含蓄に富むものだ」と褒めている。リカードはこの生産性の差を労働生産性に求めたが、それだけでは説明できない。生産要素（土地、資本等）にも左右される。**比較優位を生産要素の量に求めた理論を学者の名にちなんでヘクシャー・オリーンの定理という。**

２０１３年の貿易でみれば、日本の輸出の1位は機械類及び輸送用機器で59・８％、輸入のトップは鉱物性燃料33・８％である。食料品の輸出は０・６％、輸入は８％。日本は、工業製品に比較優位があり、農産物は弱い。ＴＰＰ（環太平洋パートナーシップ協定）で、経産省は推進派で農水省が抵抗しているのは、この点にある。工業製品は、関税を引き下げて輸出を伸ばしたい。一方で、自国の農業を守りたいという思惑があり、調整が難航していた（16年11月に衆院で可決）。前政権では棚上げになっていたＴＰＰだが、安倍政権になり成長戦略の一環として位置づけ積極的に推進する方向となった。

貿易協定の歴史とＴＰＰ

リカードの理論が教えた通り自由貿易は双方の国にとって利益になる。だが大恐慌時には各国が自国の産業を守るために保護貿易に走り国際貿易が停滞した。そこで戦後には様々な取り組みが行われ、１９４８年ＧＡＴＴ（関税および貿易に関する一般協定）が生まれた。さらに95年には国際機関としてＷＴＯ（世界貿易機関）がＧＡＴＴを引き継いで創設。現在はＷＴＯが国際的なルールを決めることになっているが、１５０ヵ国以上が一堂に会してルールをつくるとなると難航しがちだ。そこでお互い気心のしれている国同士でルールを決めて取り組もうという動きがでてくる。それがＦＴＡ（自由貿易協定）やＥＰＡ（経済連携協定）だ。

ＦＴＡは特定の国・地域との間で、モノにかかる関税およびサービスについて貿易障壁の撤廃を目的とした協定。ＥＰＡはそれらに加えて投資規制の撤廃、人的交流の拡大などを含む幅広い関係。ＴＰＰは多国間でのＥＰＡといえる。当初はシンガポール、ブルネイ、チリ、ニュージーランドの４ヵ国で結ばれていた。農業、工業、資源の貿易で上手く回っていた。そこに目をつけたのがアメリカ、オーストラリア等だ（アメリカは16年に反対派のトランプ氏が大統領選に勝利し、先行きは不透明）。日本参加の動きには、韓国がアメリカ、ＥＵとＦＴＡを結び自動車・家電の輸出が堅調で、立ち遅れたくないという背景がある。

CHAPTER 2-05

イノベーション

成長戦略には不可欠

イノベーションの5つの定義

アベノミクスの第三の矢にあたる成長戦略は、大枠では経済活動への規制を緩める規制緩和や減税などとなる。これはこれまでの政権が幾度となく取り組みながらも、十分な成果を上げてこなかったものだ。**うまくいかない要因のひとつは、起業家が起こすイノベーション（技術革新、新機軸）と関係するからだろう。**政府が規制を緩めることは、イノベーションを起こしやすい環境整備になることは事実である。しかし、それだけで、すぐ促進できる類いのものでもない。

資本主義の発展の原動力にイノベーションを唱えたのは、オーストリアの経済学者・シュンペーター。1912年に著した『経済発展の理論』の中でのことである。

イノベーションは画期的な製品開発のことだけではない。次の5つだと述べている。①新しい商品・サービスの創出、②新しい生産方法の開発、③新しい市場の開発、④原材料の新しい供給源の獲得、⑤新しい組織の実現である。

〈ビジネス環境ランキング〉
（2016年）

総合		起業しやすさ	
1位	ニュージーランド	1位	ニュージーランド
2位	シンガポール	2位	カナダ
3位	デンマーク	3位	香港
4位	香港	4位	マケドニア
5位	韓国	5位	アゼルバイジャン
6位	ノルウェー	6位	シンガポール
7位	英国	7位	オーストラリア
8位	米国	8位	ジョージア（※）
9位	スウェーデン	9位	米国
10位	マケドニア	10位	アイルランド
……	略	……	略
34位	日本	89位	日本

※旧表記グルジア　参考:世界銀行 http://www.doingbusiness.org/

世界銀行では世界の国と地域におけるビジネス環境を、インフラ（電力など）、税制などで分析してランキングとしてまとめている。

このほか改善の大きく進んだ上位10カ国として、ブルネイ、カザフスタン、ケニア、ベラルーシ、インドネシア、セルビア、ジョージア、パキスタン、アラブ首長国連邦（UAE）、バーレーンを挙げている。

改善の例として、10年前は46日であった新規事業の設立所要期間が、現在世界平均で21日となったことや、フィリピンでは納税項目が10年前の48から28まで減少したこと、ルワンダでの資産譲渡の所要時間が10年前の370日から12日へ短縮されたことを紹介している。

なお、ニュージーランドでは、起業しようと思えばネット申請で最短その日に開業が可能。費用も1万円ほど。日本では、定款認証、資本金振込、登記申請、税務、労務と1日では終わらない。費用も20万円程度から必要になる。また、日本は破産処理などで改善が見られたが、税金申告ではむしろ煩雑さが増している。

起業のしやすさでは日本は世界89位

シュンペーターはいっている。**イノベーションは非連続的な変化であり、従来の方法を繰り返しても起こらない。**既存の延長線上にない「新しい発想」であり、それは突如として現れる。有名な比喩に、「馬車をいくら並べたてても、汽車にはならない」というのがある。事実、移動手段は、馬車、鉄道、自動車、飛行機と移り変わってきたが連続性はない。またそれを起こす者は、ある種の衝動を抱えた個人であり、金めあてではないといっている。この説を信じるならば、小手先の政策で起こせるものではない。必要なのは起業家の育成であり、さらに遡るとすれば教育へいきつくのではないだろうか。米国の大学の優秀な者は起業家を目指し、日本は国家公務員を目指す、この差ともいえるだろう。ただし日本でも変化がでてきている。日本でトップの大学の学生が、「ぼくには才能がないので、ベンチャーは無理。しかたないので大手企業へ就職します」と答えるようになったそうである。

イノベーションは政策では簡単に起こしにくいが、それでも環境づくりは重要。世界銀行が発表している「ビジネスを展開しやすい国」のランキングでみれば、総合で1位はニュージーランド、2位シンガポール、3位デンマーク、4位香港で、日本は34位。「起業のしやすさ」では、なんと89位である。この環境整備は課題である。

次世代のイノベーションが起こせるか

２０１４年、水野和夫著『資本主義の終焉と歴史の危機』がベストセラーになった。そこでの第一のキーワードが利子率革命である。先進国は日本をはじめ、軒並みゼロ金利に近づきつつある。利子率革命の利子は投資に対するリターンのことで、資本家が実物投資をしてリターンを得る投資機会がなくなってきたことを指している。資本家はリターン∨金利で投資をする。利子率が０でも促進されないのはもはや機会がない、資本主義は終焉するという悲観論だ。

だが逆の意見もある。16年ＮＨＫスペシャル「資本主義の未来」に登場した**ロバート・ゴードン・米ノースウェスタン大学教授は、いま多くの分野でイノベーションが育っており、これからも成長は望めるという。**そのイノベーションの例としてあげたのは、３Ｄプリンター、ＡＩ（人工知能）、自動運転、ビッグデータなど。ＩｏＴも入るし「シェアリングエコノミー」も、その一つとした。これは、空間やサービスを共有するというもので、多くのベンチャーがでてきた。ネットで旅行者と自宅の空き部屋を貸すサービスで急成長したエアビーアンドビーは創業8年で時価総額３兆円に成長した。日本でも印刷工場の空き時間を利用したサービスで伸びたラクスルが好調である。創造的破壊で旧い経済が新しい経済にとって代わる兆しなのかもしれない。

CHAPTER 2-06

トマ・ピケティ『21世紀の資本』が与えた衝撃

資本主義社会で格差が広がっている

なぜ、700ページの経済書が世界で売れた？

2013年(日本は14年)に発売され世界的に売れた経済書が『21世紀の資本』である。200年以上にわたる租税資料を基に15年をかけて書いた労作で700ページに及ぶ大著である。**資本主義には歴史的にみて、所得分配の格差が拡大する傾向があることを示した。**

著者はフランスの経済学者であるトマ・ピケティ。1971年にパリ郊外で生まれ、ロンドン経済学校で博士号を取得、米国のマサチューセッツ工科大学で教鞭をとった後、帰国し06年にはパリ経済学校の設立準備にかかわり初代校長に。現在は、パリ経済学校教授である。

こうした学者が書いた分厚い専門書が、異例の売れ方をしたのは、日に日に高まる格差の問題を、大衆が強く感じていたからだといわれている。米国では11年秋に、「ウォール街を占拠せよ」というデモが起きた。1％が裕福になり他が恵まれていないことへの抗議で「われわれは99％だ」と叫んだのだ。こうした大衆の不満に、直接応えた『21世紀の資本』が登場してヒットしたわけだ。

〈所得格差は拡大〉

米国でトップ10%の占める比率は、1920年代から1930年代には45～50%だったのが、1950年には35%以下となった。これがクズネッツの指摘した格差低減である。だが、その後、1970年代に35%以下になってから、上昇し始め、2000年代以降は45～50%になった。　出所)トマ・ピケティ『21世紀の資本』

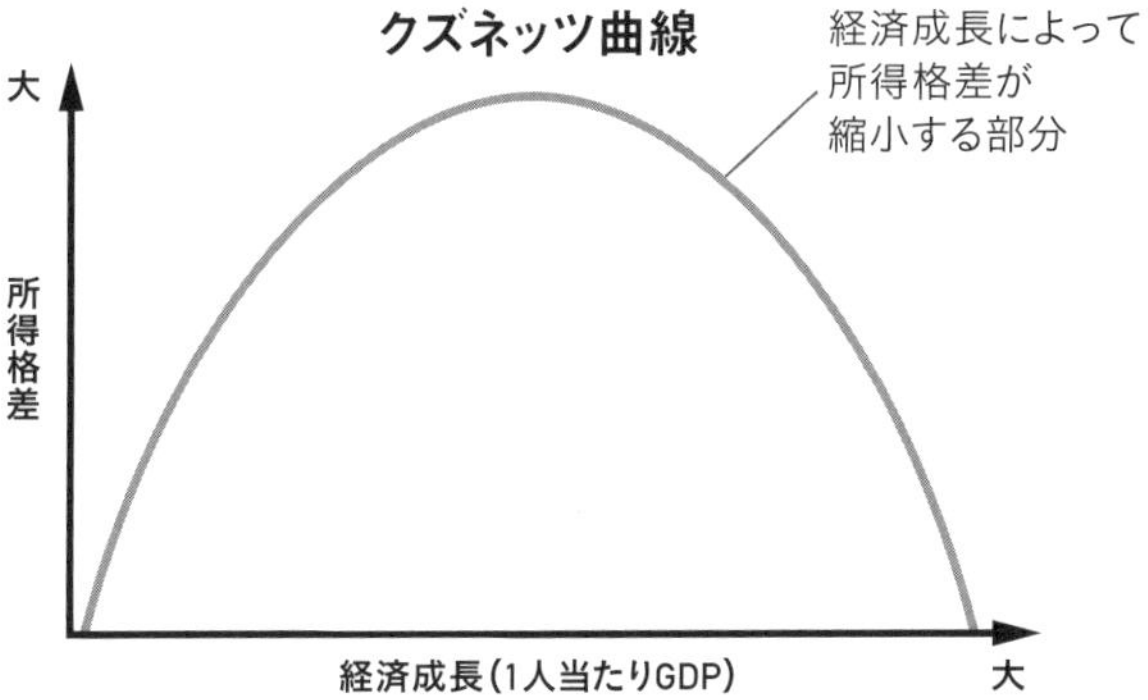

R（資本収益率）＞G（経済成長率）が原因

資本主義において格差が拡大するメカニズムを説明したのが、R＞Gという不等式である。Rは資本収益率。株や不動産などあらゆる資本から生み出された平均収益率で、18世紀以降は4～5％で推移してきた。一方、Gは経済成長率だ。国民所得の伸びと言い換えてもいい。これは1～2％に留まっているという。したがって、**働いて稼ぐ賃金よりも、資本によって得られる収益の方が、平均でみても常に大きいので、経済格差が広がってしまう**ということをピケティが明らかにした。

実は、これはかつてサイモン・クズネッツ（米国のノーベル経済学賞受賞者）が行った研究をヒントにしている。クズネッツは1913～48年の米国の所得格差の推移を調査し、結論は「経済格差は縮まった」とした。理由としていわれるのが「トリクルダウン理論」である。「富裕層が豊かになることによって、その富がしたたり落ちるように、全体にいき渡る」ことで、辛抱していれば、やがて万人に利益をもたらすというものである。中でも米国では80年代から90年代のレーガン、ブッシュの共和党政権の下では、広く信じられていた考えである。

ところが、ピケティが、同じ手法で200年前まで遡って20ヵ国を調査した結果では、そうはなっていなかったことになる。クズネッツが調査した時期だけが、資本主義の例外だったのである。

富裕層の資産に累進課税、教育への投資を

『21世紀の資本』は、そのタイトルからしてもマルクス(『資本論』の著者)を連想させるものがある。理論的には関係はないが、資本主義に焦点をおき、その問題点をあぶり出そうという点である。ピケティによれば『21世紀の資本』の方が読みやすい。日本の雑誌での質問に答えて「高校を出ずに40代で教師になった自分の母が読んでも理解した」と言っている。マルクスは、資本主義はほうっておくとうまくいかず、やがて社会主義へ移行すると予言した。実はシュンペーターも、やがてそうなると言っていたほどだ。だがその予言は当たらず、冷戦が終わりソビエトが崩壊したため、マルクスの理論は勢いをなくす。しかし08年にリーマン・ショックが起こり世界的な危機を経験して、また再び見直す動きもある。資本主義にはいまだに問題がある、ということだ。ピケティの本も、一定の私有制等を認めつつそういう流れの中にある。

米国で主流派経済学の中にいたピケティが帰国したのは、内輪で数学を使う研究よりも、格差の歴史的な研究に専念したかったからだ。日本の雑誌対談で言っている。「**今の経済学者は、数学を利用して複雑な経済理論をつくっていますが、それが社会の役に立つものになっていない**ということです」。経済の語源は経世済民。世の中の役にたってこそ意味がある。ピケティは格差をなくすために「富裕層の資産に累進課税を課し、教育への投資を増やすこと」を訴えている。

CHAPTER 2-07

下流老人が増える？

日本の経済格差

ジニ係数がじわじわ上昇

ワーキングプアという言葉が広まって10年程。2015年に出てきた新語は「下流老人」である。これは年金受給額が生活保護水準を下回っている人を指すそうだが、いま年金を払っていない若者が増えており、日本の将来においては大問題となっている。一億総中流という言葉が1970年代まではあった。それがいまではワーキングプア、下流老人等がキーワードになるほどに格差社会に変わってしまったのだ。国の格差や不平等度を計る指標にジニ係数がある。イタリアの統計学者ジニという人が考案したもので、0から1までの数値で現す。人々が完全に平等であるときは0。逆に完全に不平等なときは1。この数字が大きい程、所得分配の不平等度が高いことになる。**日本の数値をみれば、1985年は0・304だったのが、2011年では0・34へと上昇している。**この間、上がり下がりはあったものの80年代から上昇基調が続き、不平等度が進行した。OECD（経済協力開発機構）調査でみれば、もっともジニ係数が高いのはチリで、5位アメリカ、日本は10位だ。

〈ジニ係数の国際比較〉

（2009〜2012年）

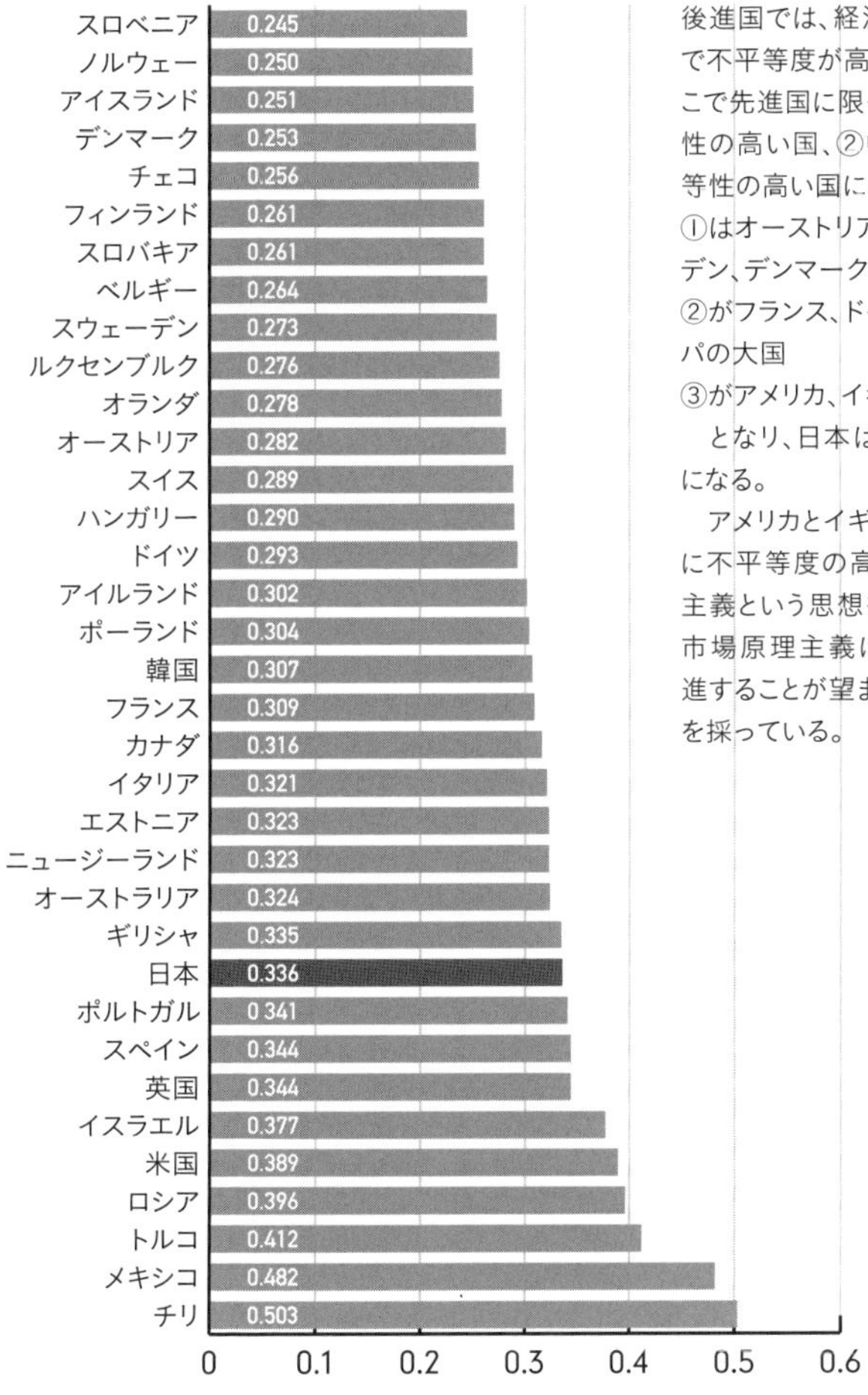

出所）OECD資料より作成

後進国では、経済体制の不整備などで不平等度が高くなる傾向がある。そこで先進国に限って、これらを①平等性の高い国、②中程度の国、③不平等性の高い国にわけてみる。

①はオーストリア、オランダ、スウェーデン、デンマークといった北欧諸国

②がフランス、ドイツといったヨーロッパの大国

③がアメリカ、イギリス、日本

　となり、日本は不平等性の高い国になる。

　アメリカとイギリスは、これまでも常に不平等度の高い国だった。新自由主義という思想を基本にもっており、市場原理主義に基づいて競争を促進することが望ましいという経済体制を採っている。

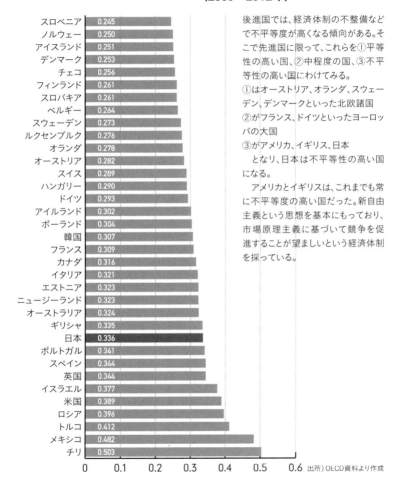

絶対的貧困と相対的貧困

所得の分配で、不平等度が拡大するとどうなるか。豊かな人の所得は上がるが貧しい人はますます貧しくなる。この連鎖が「ワーキングプア」「下流老人」などを生む。

日本の状況を貧困の定義からみてみよう。第1は絶対的貧困というものだ。これは、各家庭がこれ以下の所得では生活できないという意味である。国や家族数によって額は異なるため、日本では数字上では示されていない。仮に150万円がそうだとしたら、それ以下の家計ということになる。

もう一つが相対的貧困。これは他の人と比べてどれくらい所得が低いかということを示す。OECD(経済協力開発機構)の基準に従い、全世帯の可処分所得(収入から税金等を引いた金額)を一人当たりで計算して、平均の額の半分に満たない人の割合を指している。またその数字を貧困線(ライン)という。09年の厚労省データでは、112万円である。**貧困ライン以下で暮らしている世帯の割合を相対的貧困率というが、日本は16・1%**である。また貧困ライン以下の世帯で暮らす子供の割合を示す子供の貧困率が15・7%である。これは母子家庭が増えてきており、その母親の多くが非正規雇用であるためだ。80年代には11%台だったのが、徐々に上昇し、12年には16・3%になった。国際的にみても6位で、先進国ではアメリカに次いで悪い状態だ。

なぜ日本で格差は広がったのか

20世紀になり、日本経済は、ジニ係数も相対的貧困率も悪化を続けている。一億総中流といわれた社会から格差社会へと突き進んでいるようだ。なぜそういう事態になったのか？その理由としてあげられるのは、まず90年代前半から長引く不景気。持続的に物価が上がらないというデフレ経済に陥ったことである。不況になると企業は、労働コストを抑えるため人の採用を手控える。そうなると採用時で満足のいく仕事につけない若者が増えていく。同時に、小泉政権の構造改革すなわち新自由主義の路線によって、この時期に非正規雇用の規制緩和が実施されたことだ。多くの企業は労働コストを抑えるために、非正規雇用の労働者を増やしていった。95年に正規労働者は3779万人、非正規労働者は1001万人だった。それが**2005年には正規労働者が約400万人も減って、非正規労働者は1633万人。約630万人も増えた。今では1906万人である。**非正規労働者の賃金は、正規労働者に比べて6〜7割。また多くは一定条件を満たさないため社会保険に入っていない。このことも企業にとっては事業主負担が減り有利に働く。さらに、解雇が簡単にできコスト削減策として対応しやすい。非正規の労働者が増え、正規雇用が減っていくことは、所得の高い人が一部になり低い人が増える。これが、日本の経済格差が広がった大きな要因だといえる。

CHAPTER 2-08

主流派は時代時代で入れ替わる？

最近の経済思想の流れ

「新古典派総合」という2派の折衷案

戦後のアメリカの経済学をリードしたポール・サミュエルソン。ケネディ＝ジョンソン時代には経済顧問を務め、著書『経済学』は41ヵ国で翻訳され数百万部のベストセラーとなった。おそらく2015年に旋風を巻き起こしたピケティの著書も、この数字には及ばないのではないか。そのサミュエルソンが、『経済学』（11版まで）に唱えた思考法が、新古典派総合である。これはどういうことかといえば、新古典派経済学とケインズ経済学の折衷案であった。訳語がわかりにくいが、**新古典派＋ケインズ経済学の総合の意だ。**新古典派経済学とは、経済学の父アダム・スミスのころから限界革命を経て脈々と続いてきた経済学のことだ。教科書的には、主にミクロ経済学であり市場の価格メカニズムを重視している。一方のケインズ経済学は、資本主義の欠点を政府の介入で補おうというマクロ経済学。不況時には政府が財政金融政策で介入し、平時に戻れば市場に委ねるという思考法である。しかしこの平和共存は長くは続かなかった。

〈経済思想の流れ〉

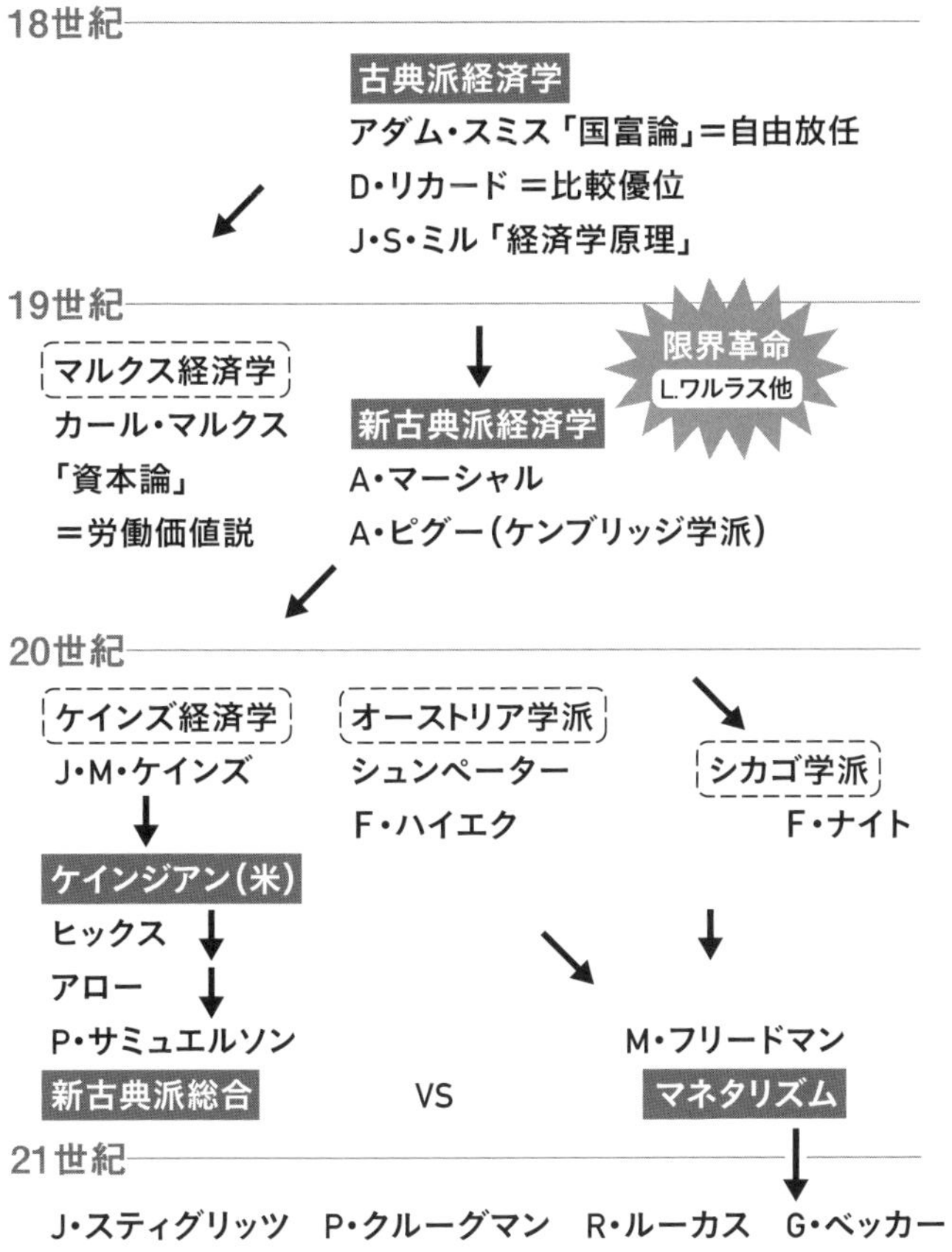
18世紀
古典派経済学
アダム・スミス「国富論」＝自由放任
D・リカード ＝比較優位
J・S・ミル「経済学原理」
19世紀
マルクス経済学
カール・マルクス
「資本論」
＝労働価値説
限界革命
L.ワルラス他
新古典派経済学
A・マーシャル
A・ピグー（ケンブリッジ学派）
20世紀
ケインズ経済学
J・M・ケインズ
オーストリア学派
シュンペーター
F・ハイエク
シカゴ学派
F・ナイト
ケインジアン（米）
ヒックス
アロー
P・サミュエルソン
M・フリードマン
新古典派総合
VS
マネタリズム
21世紀
J・スティグリッツ
P・クルーグマン
R・ルーカス
G・ベッカー

ケインズ主義から新古典派へ

ケネディ＝ジョンソン時代には「ニュー・エコノミクス」と称され花開いた新古典派総合も、1960年代の後半からは旗色が悪くなる。雇用量もGDPも拡大していったが、後にはインフレ率が上昇して状況は悪化、さらにベトナム戦争への深入りという政治の失敗（財政赤字の増大）もあり反ケインズを標榜する経済学者たち……ハイエク、フリードマン、ブキャナン等から反撃を受けるようになる。その代表は、ミルトン・フリードマンである。シカゴ学派のマネタリストであった。

フリードマンは、昂進するインフレへの対処法はマネーサプライのコントロール（これをK％ルールという）だけであり、ケインジアン（ケインズ経済学を信奉する学者たち）のいう総需要管理政策を否定し、ルールに基づいた政策提言を行った。その背後には、政府による民間の経済への干渉は、極力排するほうがいいという思想「レッセ・フェール（自由放任）」がある。京都大学教授・根井雅弘氏によれば、**「経済学の歴史では、古い思想や学説が〝新しい装い〟をもってしばしば蘇る。**経済学史と科学史の違いである」というが、これは、ケインズがかつて古い経済学として退けた（当時は古典派と称した）説の復活であった。マネタリズムは、その後80年代のレーガン政権にも影響を与えていく。政治経済的には市場重視の新自由主義と呼ばれるものである。

保守派VSリベラル派

サミュエルソンは、85年の『経済学』（第12版）では、とうとう「新古典派総合」の看板をおろし、主流派という言い方に変え、二つの学派（主流派とマネタリズム）の対立点を詳細に解説するようになった。だが、この時点での主流派は、まだ新古典派総合だったのである。ところがケインズ反革命はさらに続く。サプライサイド・エコノミクス、合理的期待形成仮説（ロバート・ルーカス）などの登場を経て、主流派というのが「新古典派総合」の前の名である新古典派経済学へとシフトしたのである。また、かつてケインズ経済学と同義語であったマクロ経済学も、ルーカス（95年ノーベル経済学賞受賞）流のミクロ的基礎を重視したマクロ経済学が確立してきた。当時、サミュエルソンは、将来、マネタリズムより、合理的期待形成派の方が残ると言ったそうである。

新古典派的思想であるレッセ・フェールを信奉する政治経済思想を保守派（なかでもより自由度の強い者はリバタリアン）、政府による弱者救済を支持する側をリベラル派という。米国はこの対立軸が明確な二大政党制だ。**最近の日本の若者の意識をみれば、「競争で勝ったものは優遇されるべきだ」に対して賛成が多い。**これだけみれば新自由主義的である。しかし一方では、社会の役に立ちたいという志向が強い。これはリベラルな主張。こうした「ねじれ」は日本的な現象だろうか。

CHAPTER 2-09

ミステリー『エウレカの確率』と行動経済学

人は合理的ではない

経済心理学から行動経済学へ

警察小説で捜査に経済学者が加わり事件を解決する、という趣向の小説がうけている。『エウレカの確率』（石川智健著、講談社）がそれで、2016年には第三シリーズ『エウレカの確率　経済学捜査員VS.談合捜査』まで出ている。ここでいう経済学は行動経済学のこと。1990年代には経済心理学といわれていたが、**02年にこの分野の先駆者の一人であるダニエル・カーネマンがノーベル経済学賞を受賞した辺りから、行動経済学といわれるようになった**、経済学の周辺分野である。

『エウレカの確率』の第一弾（2014年刊）によれば、エウレカとは、アルキメデスが風呂場で浮力についての原理を発見し、裸のまま飛び出して「エウレカ！」と叫んだことに由来する。意味は「発見する」である。行動経済学では、これをヒューリスティックといい、精度は100％ではないが、あるレベルで正解に導くことのできる方法論のことを指す。いわば近道、目の子算といったものである。

〈リンダ問題〉

代表性ヒューリスティックで最も有名になった問題が、
カーネマン等によるリンダ問題である。

設定）

リンダは31歳の独身女性。外交的で大変、聡明である。専攻は哲学だった。学生時代には、差別や社会正義の問題に強い関心を持っていた。また反核運動にも参加したことがある。

質問） **大勢に、単純な次のような質問をした。**

次のうち、リンダはどちらの可能性が高いと思いますか？
1 リンダは銀行員である
2 リンダは銀行員で、フェミニスト運動の活動家である

結果）

複数の主要大学の学生を対象に実験したところ、85〜90%が2を選んだ。

設定からして、リンダの代表性は、「フェミニスト銀行員」なのである。
だが、確率の高い方（正解）は、論理的に考えて1である。
1の集合の中に2は含まれるからである。

銀行員＞フェミニスト銀行員

スタンフォード大学とカリフォルニア大学バークレー校の社会学大学院生では、64%が銀行員をフェミニスト銀行員より上位にした。大学院生でも36%が間違ったわけだ。こうした錯誤を、カーネマンは連言錯誤といっている。

『ファスト&スロー』（ダニエル・カーネマン著、早川書房）を基に作成

種々のヒューリスティック

ヒューリスティックには、3種類がある。代表性ヒューリスティック、想起しやすさヒューリスティック、係留ヒューリスティックである。

代表性ヒューリスティックは、判断する際にどれだけ典型的であるかの基準に従うということだ。プロ野球の選手でチャンスに強いといえば、元巨人の長嶋選手。さぞ生涯打率も高いと思ってしまうが、実はベスト10には入らない。記録より記憶が強い例である。想起しやすさヒューリスティックは、判断の際に心に浮かびやすい類例に過度に依存することを指す。たとえば、家族旅行をすることになり、交通手段をどうするかという話になったとしよう。「飛行機は危ないので、自動車で行こう」という結論になったとしたら、それがこのジャンルである。頻度では自動車事故の方が多いのに、空を飛ぶのは危ないと考えがちである。こうした偏向をバイアスという。ヒューリスティックには、バイアスがつきものである。係留ヒューリスティックは、特定の数値や情報に過度に依存して変更がきかないと起きる。例えば0～100の数字を引くくじで、10を引いた後に、以下の質問をする。「国連に加盟しているアフリカの国の割合は?」と。この場合の答えの平均値は25%。だがくじで65を引いた人にきくと、45%に跳ね上がる。人は、何の因果関係もない前のくじの数字にひきずられるのだ。

アンカリング効果

係留ヒューリスティックで、先にくじで出た数字とアフリカの国連加盟数は、何の関係もないのに、前に見た数字を手掛かりにしてしまう例をあげた。これは、先駆者であるトヴァスキーとカーネマンによる実験結果なのだが、こうした**前の数字等に依存することをアンカリングという。**先の小説『エウレカの確率』(第一弾)で、主人公は女性刑事・摩耶に説明する。アポなし訪問をした際の理由として「それは、アンカリング効果を狙ったのです」と告げる。そして解説する。「摩耶さんは、通常価格8万円の商品の値段が、赤字で2万円と修正されていたら、得だと感じますか」「もちろんです」(摩耶)。「それがアンカリング効果です。無意識に8万円がアンカー、つまり判断基準になってしまっている」。本当はその商品に2万円の価値があるかどうかを見ておらず、判断を誤るのだと指摘する。アポなし訪問の理由は、自分は常識外の行動をする奴(アンカー)という認識を相手にさせるためだったと説く。

伝統的な経済学は、人の行動を合理的な経済人(ホモエコノミクス)と想定して理論を構築してきた。しかし人は合理的ではないことが周知のこととなってきた。行動経済学はその点にフォーカスし、実際に日常の行動や仕事で使えるものにした実践的なジャンルといえるだろう。

CHAPTER 2-10

ノーベル経済学賞とその傾向

偉大な人物から分野(理論発見)へ

日本人が唯一受賞していないノーベル賞

2016年のノーベル経済学賞は、契約理論に貢献した米国の教授が共同受賞した(ハーバード大のオリバー・ハート氏とマサチューセッツ工科大のベント・ホルムストローム氏)。ここ数年、日本人で有力視され、文学賞の村上春樹氏と共に**候補に名前があがる清滝信宏プリンストン大学教授は、今回も受賞を逃した**ことになる。実はノーベル経済学賞は、ノーベル賞の中で日本人が唯一受賞をしていない賞である。

その理由としてあげられるのは、一つは戦前からマルクス経済学の影響が強かったため、今の米国の学会で主流派をなす経済学では後れをとったとする説。二つめは、論文は英語というハンディがあり、いわば日本の経済学はガラパゴス化していたことである。近年になり、2000年雨宮健氏、08年藤田昌久氏、09年故青木昌彦氏らが候補になったとされるが、みな外国の大学で研究および教授をした経歴の持ち主である。日本人の業績が認められるのは、早くても10年後という説がある。

〈ノーベル経済学賞の歴代受賞者(抜粋)〉

年	名前	出身国	受賞時大学	
1969	ラグナル・フリッシュ	ノルウェー	オスロ	80年代までは、経済学の発展に寄与した、大物学者に与えられていた。70年受賞者のサミュエルソンの受賞理由は「経済学における分析水準の向上に対する積極的貢献」であった
	ヤン・ティンバーゲン	オランダ	オランダ経済	
1970	ポール・サミュエルソン	アメリカ	MIT	
1971	サイモン・クズネッツ	アメリカ	コロンビア	
1972	ジョン・ヒックス	イギリス	オックスフォード	
	ケネス・アロー	アメリカ	ハーバード	
1973	ワシリー・レオンチェフ	ソビエト連邦	ハーバード	
1974	グンナー・ミュルダール	スウェーデン	ストックホルム	
	フリードリッヒ・ハイエク	オーストリア	ウィーン	
略				
1976	ミルトン・フリードマン	アメリカ	シカゴ	
略				
1981	ジェームズ・トービン	アメリカ	エール	
略				
1987	ロバート・ソロー	アメリカ	MIT	
90年代になり、偉大な名前ではなく、分野に与える方向へ変わっていったといわれる				以下は主な分野
1991	ロナルド・コース	アメリカ	シカゴ	
1992	ゲイリー・ベッカー	アメリカ	シカゴ	
略				
1994	ジョン・ナッシュ他	アメリカ	プリンストン	ゲーム理論
1995	ロバート・ルーカス	アメリカ	シカゴ	合理的期待仮説
略				
1997	ロバート・マートン	アメリカ	ハーバード	金融工学
	マイロン・ショールズ	アメリカ	スタンフォード	〃
略				
2001	ジョセフ・E・スティグリッツ	アメリカ	コロンビア	情報の非対称性
2002	ダニエル・カーネマン	アメリカ	プリンストン	行動経済学
略				
2008	ポール・クルーグマン	アメリカ	プリンストン	
略				

アメリカの一人勝ちが続く

69年第1回受賞者は、ノルウェーのフリッシュ、オランダのティンバーゲンという北欧組だった。70年第2回が、日本でも教科書の定番で知られる米国のポール・サミュエルソン。72年は、受賞の理由よりもケインズのマクロ経済学を「IS－IM曲線」で「見える化」したことで知られる英国のジョン・ヒックス。同じく米国のケネス・アロー。そのほかの日本での有名どころをあげると、クズネッツ(71)、ハイエク(74)、フリードマン(76)、トービン(81)、ベッカー(92)、ナッシュ(94)、ルーカス(95)、スティグリッツ(01)、カーネマン(02)、クルーグマン(08)となる。94年のナッシュはナッシュ均衡と呼ばれるゲーム理論の解を証明した数学者で、映画「ビューティフル・マインド」で描かれて有名になった。

2011年までの受賞者でみれば、**総数70名のうち、米国が46名で66％を占める。**米国に偏った賞の感は否めない。第二次世界大戦後、経済学の覇権が欧州から米国に移ったためだろう。放送大学で13年「現代経済学」を担当した依田高典京大教授によれば、80年代までは同賞は、誰もが認める「英雄経済学者」の名前に与える賞であった。ところが90年代からは、人ではなく「分野」（金融工学、ゲーム理論等）に与える賞へと傾向が変わる。損をしたのは二人の大物で、英国オックスフォード大のロイ・ハロッドと森嶋通夫（LSE名誉教授）だったと放送で述べている。

CHAPTER 3

ビジネス現場で話題になる政治の常識

CHAPTER 3-01

戦後の日本政治と政党の変遷

「一強多弱」の先にあるものは

日本の政治はずっと自民党？

２０１６年７月に行われた参議院議員選挙で、自民・公明の連立与党は改選数の過半数を大きく上回る70議席を獲得した。

この結果、**連立与党をはじめとする「改憲勢力」の議席が衆参両院で３分の２を超える**ことになり、国会における憲法改正の発議が可能となった。その行方は定かではないが、日本政治の大きな転換点であることは間違いない。

とはいえ、昨今のような圧倒的に自民党が強い「一強多弱」の状況は、戦後政党政治の歴史の流れの中においては稀であるといえる。戦後、政権の大部分を担い続け、大きな力を持つ自民党とはいえ、時代により浮き沈みはあり、その対抗勢力として存在する野党にもそれなりの存在感があった。

現在の状況に至るまでに、日本の政党政治にどのような動きがあり、どのようなポイントがあったのか、ここでざっくりと振り返ってみたい。

〈主要政党の国会内勢力の推移（衆議院議員）〉

第27回総選挙（1955年2月27日）

民主	自由	左社	右社	労農	共産	諸派	無所属					計
185	112	89	67	4	2	2	6					467

【55年体制成立前後の勢力分布】

第28回総選挙（1958年5月22日）

自民	社会	共産	諸派	無所属								計
287	166	1	1	12								467

第39回総選挙（1990年2月18日）

自民	社会	社民連	民社	公明	共産	進歩	諸派	無所属				計
275	136	4	14	45	16	1	0	21				512

【細川連立内閣成立前後の勢力分布】

※これに民改連を加えた8党による連立政権

第40回総選挙（1993年7月18日）

自民	社会	社民連	民社	新生	公明	日本新党	共産	さきがけ	諸派	無所属		計
223	70	4	15	55	51	35	15	13	0	30		511

第44回総選挙（2005年9月11日）

自民	社会	国民新党	民主	公明	新党日本	共産	諸派	無所属				計
296	7	4	113	31	1	9	1	18				480

【民主党政権成立前後の勢力分布】

第45回総選挙（2009年8月30日）

自民	みんな	社民	国民新党	民主	公明	新党日本	共産	諸派	無所属			計
119	5	7	3	308	21	1	9	1	6			480

【自民党政権奪還前後の勢力分布】

第46回総選挙（2012年12月16日）

自民	みんな	維新	社民	国民新党	未来	民主	公明	共産	大地	諸派	無所属	計
294	18	54	2	1	9	57	31	8	1	0	5	480

（出所）「戦後主要政党の変遷と国会内勢力の推移」（国立国会図書館調査及び立法考査局レファレンス平成26年6月号）より作成

「55年体制」の終焉

１９４６年4月に行われた戦後初の総選挙では、２６８もの政党から候補者が擁立され、32の政党が当選者を出した。戦後の混乱を象徴するような小党乱立の選挙だったのだ。

その後、大きく日本の政党政治の流れを形づくったのは、いわゆる「55年体制」である。**55年体制とは、１９５５年秋に行われた自由民主党（自民党）の結成と日本社会党の統一のこと。**自民党は日本民主党と自由党が解党して合同し、社会党は政治路線の相違によって分裂していた右派と左派が合同した。これにより、いわゆる「保守政党」と「革新政党」の二大政党制の様相を示し、50年代後半から60年代にかけて、この上位2政党の議席占有率の合計は8割を上回っていたのである。

この時代のその他の野党としては、１９６０年に社会党から分派した民主社会党（民社党）、１９６１年に発足した公明党（当時、公明政治連盟）、戦前からの歴史を重ねる日本共産党などがあげられるが、おおむね自社の対立が軸となり、安保闘争などの「政治の季節」を経験しつつも、高度経済成長をバックに自民党政権の時代が続いていった。

そして平成の時代になり、バブル経済にも翳りが見えはじめた１９９３年7月に行われた総選挙で、舞台は大きく転換する。選挙制度の改正により新しい「ミニ政党」が数多く設立されたことや政治改革の進まない自民党への世論の不満もあり、結党以来、政権に君臨してきた自民党が下野し、日本新党など8政党による細川連立内閣が成立したのである。

新党ブームと野党の迷走

この新党ブームも長くは続かなかった。細川内閣は成立後8ヵ月で退陣し、次の羽田連立内閣もわずか2ヵ月で退陣。そして、1994年6月に発足した村山内閣では、自民党、社会党、新党さきがけの連立と、こともあろうにかつてのライバルであった自社が手を結ぶという不可思議な状況となった。皮肉なことにその一方で、新党ブームをきっかけに社会党の退潮が著しく、社民党と党名を変えてもその流れは止まらなかった。

1994年12月に発足した新進党は、日本新党、民社党、新生党など6党の合併によるもの。一時は衆参両院で自民党に次ぐ第2党の地位を占めるものの、1997年には6党に分割されるなど、短期間のうちに目まぐるしくミニ政党が離散集合を繰り返した感は否めない。

民主党(現、民進党)が設立されたのは1996年9月のこと。その後、数多の合従連衡をへて第2党となり、2009年の総選挙では地滑り的な勝利で政権交代を果たした。国民新党、社民党(後に離脱)との連立内閣の発足である。

しかし、それも長続きせず、民主党は2012年暮れの総選挙で返り討ちに遭うかのように歴史的大敗を喫して自民・公明の連立政権に戻り、現在に至ることになる。**緊張感のある二大政党制の実現を待望する声もあるが、その道ははるか遠い**というのが現状だ。

CHAPTER 3-02

国政選挙の仕組み

定数削減と一票の格差是正はどうなる？

現行の選挙制度のあらまし

１９５０年に公職選挙法が施行され、その後、衆参両院の選挙制度、選挙区割り、議員定数などについて度重なる改正が行われてきた。ここでは、まず現行の選挙制度について説明し、次にこれまでの歩みについて概説していこう。

衆議院議員選挙は、一度にすべての議員が選ばれることから「総選挙」といわれる（補欠選挙を除く）。小選挙区比例代表並立制で、定数は選挙区２９５名、比例代表１８０名、合計４７５名、被選挙権は25歳以上である。任期は４年だが、任期満了による選挙は、戦後では１９７６年12月の第34回総選挙のみであり、それ以外はすべて解散により行われた。

参議院議員選挙は、衆議院とは異なり、解散がなく定数の半数ずつが改選されることから「通常選挙」と呼ばれる。任期は６年であるため、３年ごとに行われることになる。被選挙権は30歳以上で、選挙区選挙（定数１４６人）と比例代表選挙（同96人）が行われている。なお、**２０１６年の参院選から選挙権年齢が18歳に引き下げられた。**

〈国会議員定数の変遷〉

衆議院議員

総選挙期日(回次)等	定数	増減	備考
昭和21.4.10 (第22回)	468 (466)		沖縄県(定数2)は米国占領下にあり、選挙は事実上の定数466で実施
昭和22.4.25 (第23回)	466	−2	沖縄県を除く
昭和29.4.30	467	+1	奄美群島区(定数1)で実施
昭和42.1.29 (第31回)	486	+19	大都市の人口増加に伴う定数是正
昭和45.11.15	491	+5	沖縄県(定数5)で実施
昭和51.12.5 (第34回)	511	+20	選挙区別人口による定数是正
昭和61.7.6 (第38回)	512	+1	選挙区別人口による定数是正
平成5.7.18 (第40回)	511	−1	選挙区別人口による定数是正
平成6年公選法改正により「小選挙区比例代表並立制」を導入 定数500(小選挙区300、比例代表200(11ブロックにおいて実施))			
平成8.10.20 (第41回)	500	−11	平成6年公選法改正後初の総選挙
平成12.6.25 (第42回)	480	−20	比例代表を20削減(小選挙区300 比例代表180)
平成26.12.14 (第47回)	475	−5	小選挙区を5削減(小選挙区295 比例代表180)

参議院議員

通常選挙期日(回次)等	定数	増減	改選議席数	備考
昭和22.4.20 (第1回)	250		全国区100 地方区150	半数は任期3年 第2回以降半数改選
昭和45.11.15	252	+2	沖縄県定数2	1名次期選挙で改選
昭和57年公選法改正により「拘束名簿式比例代表制」を導入 定数252(比例代表100、選挙区152)				
昭和58.6.26 (第13回)	252	0	比例代表50 選挙区76	昭和57年公選法改正後初の選挙
平成12年公選法改正により「非拘束名簿式比例代表制」を導入 定数を10削減して、242(比例代表96、選挙区146)とする。 ただし、平成16年7月25日までの間の定数は、247(比例代表98、選挙区149)とする。				
平成13.7.29 (第19回)	247	−5	比例代表48 選挙区73	平成12年公選法改正後初の選挙 比例代表を2、選挙区を3削減
平成16.7.11 (第20回)	242	−5	比例代表48 選挙区73	比例代表を2、選挙区を3削減

(出所)「平成27年　衆議院の動き 第23号」(衆議院事務局、平成28年3月)

中選挙区制と小選挙区制

衆議院議員選挙は、かつて「中選挙区制」で戦われてきた。つまり、現在行われている小選挙区（当選者は選挙区に1人）と比例代表という形ではなく、1つの選挙区から複数の候補が当選する形であった。この小選挙区比例代表並立制が導入されたのは、1994年のことで、その前年に行われた第40回総選挙までは、選挙区で必ずしもトップをとらなくても当選できる可能性があったのだ。

たとえば「上州戦争」といわれた旧群馬3区。1967年の第31回総選挙から1986年に行われた第38回総選挙まで、時の勢いにより順位は変動するものの、定数4の当選者は不動だった。その4人とは第67代首相福田赳夫、第71〜73代首相中曽根康弘、第84代首相小渕恵三という自民党の実力者3名と社会党の書記長などを歴任した山口鶴男である。つまり、敵はライバルの党だけでなく自党にもおり、それが与党内に緊張感を生み出す一方、派閥の力学に左右されやすいという評価があった。

しかし、これが**小選挙区制に移行すると、比例代表の枠があるにしても「オール・オア・ナッシング」の傾向が強まり「死票」が増えた。**同時に「地滑り的勝利（敗北）」が起こりやすく、2009年の総選挙では自民党が300議席→119議席、民主党が115議席→308議席、逆にその3年後、2012年の総選挙では自民党が118議席→294議席、民主党が230議席→57議席という、いずれも極端な結果となった。

参議院は全国区制から比例代表制へ

一方、かつて参議院は「全国区」と都道府県ごとの「地方区」に分けられていた。全国区はまさに全国が選挙区であり、選挙活動に多大な出費と消耗を強いられた。また、当選できるのは知名度の高いタレント候補や大組織をバックにした候補が多いという問題もあった。そこで、1982年に公職選挙法が改正され、全国区制に代わり「拘束名簿式比例代表制」が導入された。有権者は候補者個人ではなく政党に投票し、政党ごとの得票数に比例した数の議席が得られるもので、政党があらかじめ届け出た候補者名簿の順位に従って当選人を決める方法である。

そして、2001年の参院選から「非拘束名簿式比例代表制」に変更される。この制度では、有権者は政党名でも候補者名でも投票することができ、候補者名による得票はその政党の得票となる。あらかじめ候補者名簿に順位は定めず、候補者個人の得票数が多い順に当選人を決定する。この方式は、**知名度の高い候補に有利であり、かつての全国区制に近いものだという批判もある。**

このような経過をたどってきたが、「一票の格差」の問題は長年にわたって解消されず「違憲判決」も相次いで出されている。各党の思惑もあり、この問題の解決は一筋縄ではいかないようだ。

CHAPTER 3-03

国会議員の歳費

こんなにもらっているのか

東日本大震災で減額したものの

「国会議員の歳費及び期末手当の臨時特例に関する法律」によって、東日本大震災に対処するために歳費を削減する意味から、「歳費月額に百分の十二・八八を乗じて得た額に相当する額を減ずる」として、2012年5月から12・88％を削減し、さらに12月には削減率を20％に拡大した。しかし、2014年には元に戻してしまっている。

歳費とは、給与にあたるもので、「国会議員の歳費、旅費及び手当等に関する法律」で決められている。2005年に改正されて、月額130万1000円となっている。

その後も、国会のたびに2割、3割、または5割削減の法案が出てはいるものの、毎回未了（廃案）となっている。

議員にはボーナスもある。期末手当は公務員の料率に準じる。600万円超となる。

このほか月額100万円の文書通信交通滞在費（しかも無税）が無条件で支払われる。役員・委員長には議会雑費（1日6000円）などが支払われている。

〈もらいすぎ？ 妥当？〉

国会議員の歳費など

歳費（月額）	ボーナス（年）	文書通信交通滞在費（月額）	立法事務費（月額）	合計額（年）
130万1000円	約635万円	100万円	65万円（※）	約4176万円

※個人への支給ではなく会派への支給となる。ただし1人会派でも支給される。
　このほか、役員、委員長など役職者には日額6000円を支給。公設秘書の給与なども支給される。

政党交付金（平成28年度）

党名	政党交付金	増減率（%）
自由民主党	17,436,291,000円	1.3
民進党	9,348,848,000円	△4.1
公明党	3,051,870,000円	2.7
日本維新の会	708,055,000円	45.8
生活の党と山本太郎となかまたち	351,551,000円	5.6
社会民主党	441,422,000円	△6.5
日本のこころを大切にする党	544,074,000円	△2.9

出典:総務省

合計318億8211万円の政党交付金は、政党の活動を助成するために国庫から交付される（政党助成金法）。企業などから見返りを求める献金が政党に渡っている疑念から、総務省に届け出た政党の所属議員数と、直近の国政選挙の得票率から、政党交付金を配分することになった。政党として交付の対象となるのは、国会議員数5人以上または直近国政選挙の選挙区総計か比例代表総計のいずれかで2%以上の得票率であること。なお、2%に特別な根拠はなく、この法律を制定するときに、たまたまスポーツ平和党の得票率が2%だったことから決められた。

政党助成金は議員の収入ではないが、政治活動資金となっていることから、間接的に議員の日常を支える資金となっている。

団体からの献金は疑念を持たれるからと生まれた政党交付金だが、企業団体献金はいまも許されている。なお、未使用の交付金は国庫に返納することになっているが、過去でその例はほとんどない。基金として積み立てることができるからだ。もちろん、この助成金の使途に制限はなく、議員の家族の飲食費などに充てられた例が話題になったこともある。

三権分立と議員

首相や大臣については「特別職の職員の給与に関する法律」で規定されており、２０１万円の給与と地域手当20％が加算される。期末手当を含め年間約３９６４万円だ。

国会議員も期末手当を含めれば年間２０００万を超える歳費を受け取っている。

また**秘書の給与は「国会議員の秘書の給与等に関する法律」によって公設秘書については国が負担している。**

ところで国会議員の人数は、衆議院議員４７５人、参議院議員２４２人である。国会は立法の府だ。これだけの人数と歳費は当然、だろうか？

よく「三権分立」といわれている。立法権・行政権・司法権を分けて相互に抑制することで、権力の乱用を防ぐ仕組みだ。日本ではこの三権分立は成立しているのか、という問題がある。例えば国会は立法権で、議員たちは法律を審議する。法案を出すのは議員たちも出せるが（議員立法）、その多くは行政である。行政のトップは内閣総理大臣（首相）で、国会議員から選出される。

実際には与党第1党または連立によって与党となった議員の中から、総理大臣が選ばれるので、立法と行政は明確には分離していない、という指摘がある。

司法の頂点は最高裁判所だが、その長官は内閣が指名（天皇が任命）、14人の判事は内閣が任命（天皇が認証）するので、そのときの与党とは対立しにくい。

議員数と委員会

結果的に日本の政治では、国会議員の質によって、三権が大きな影響を受ける。このため、国政選挙の一票の格差問題は、より一層大きな意味を含んでいるし、議員定数削減問題も、ただ人数を減らせばいいということにはならない。

米国議会は上院100人、下院435人。日本より182人少ない。英国議会は貴族院(上院)807人、庶民院(下院)650人で、首相は庶民院から選出されている。

もっとも**日本の国会ではすでに委員会主導になっている。**これは国会では人数が多すぎるので、少人数で議論を深めるための方法だが、いまでは法案の多くは委員会で審議され修正などを経て国会で採決される方法を取っている。

衆院では現在17の委員会があり、延べ640人の委員が所属している。

例えば第192国会で審議された法案はざっと100を超えている。報じられるのは主要な法案や予算案であるが、それ以外にも多数の法案(改正案)が審議されている。

この審議の過程についても問題が出ている。委員会が開催されない、審議時間がほとんどないまま通過するなどだ。この点については国会が立法の最高意思決定機関であるため、チェックする機能を持たない。議員同士でチェックする、マスコミなどメディアによってチェックするなどの方法しかない。つまり、こうしたチェック機能が明確でないことからも議員数や歳費の適正規模があいまいにされやすい。

CHAPTER 3-04

知事と議会との関係

都知事のイスは魅力的？

知事の給与、地方議員の給与

東京都で起きた舛添要一前知事の辞任と小池百合子新知事の誕生は、予算規模13兆円とスウェーデン、インドネシアなどの国家予算にも匹敵する巨大自治体を司る首長の問題だけに、多くの耳目を集めた。

東京都のニュースで話題になったのは、**1．首長と議会の対立、2．議会内の首長支持派と反対派の対立、3．政党と首長と議員の対立、の3点だ。**

いきなり「議会を解散する」と発言した人が知事となったとき、議会はどう対応するのか。また、議会内でこうした人を推す者と反対する者が対立したときはどうなるのか。さらにその議員たちがどちらも同じ政党内に属している場合には、政党と首長と議員はどのように決着をつけるのか。

この裏には、さらに行政の職員たちも絡んでくる。このような構図は東京都だけではなく全国でみられる。

〈地方と国の関係は?〉

二元代表制

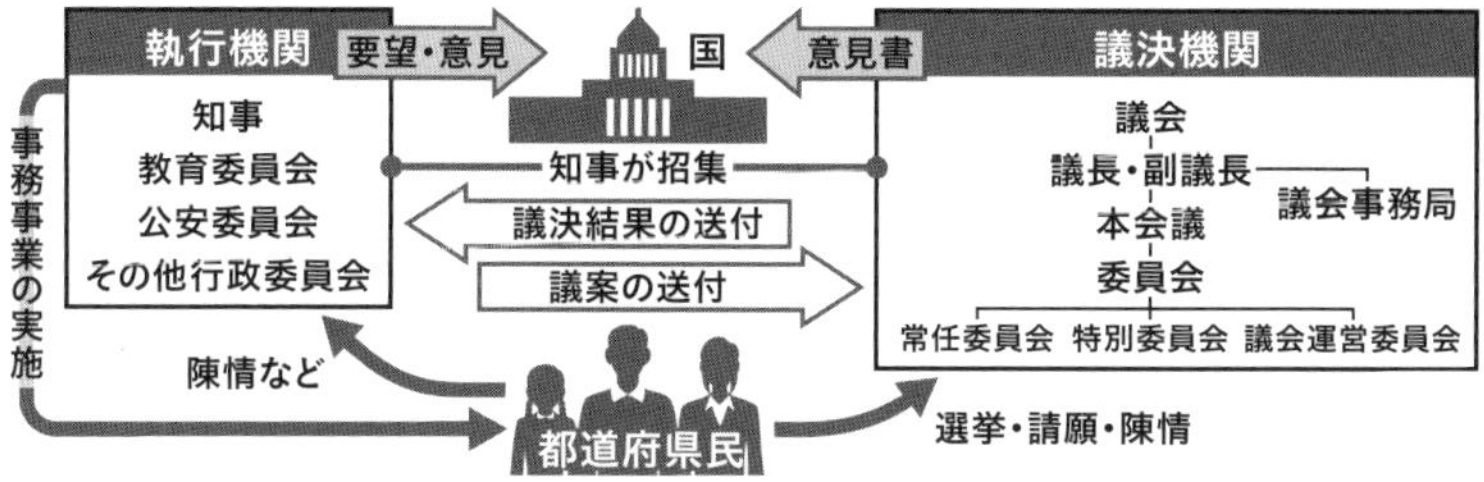

国と地方の役割分担

総務省資料より

国は、国が本来果たすべき役割を重点的に担う	国際社会における国家としての存立にかかわる事務
	全国的に統一して定めることが望ましい国民の諸活動若しくは地方自治に関する基本的な準則に関する事務
	全国的な規模で若しくは全国的な視点に立って行わなければならない施策及び事業の実施
住民に身近な行政はできる限り地方公共団体に委ねる	都道府県は、市町村を包括する広域の地方公共団体として、①広域にわたるもの、②市町村に関する連絡調整に関するもの、③その規模又は性質において一般の市町村が処理することが適当ではないと認められる事務を処理することとされている
	市町村は、基礎的な地方公共団体として、都道府県が処理するものとされているものを除き、一般的に、「地域における事務及び法令で定められたその他の事務」を処理することとされている

地方自治体の仕事

法令等により制度が定められている事務	法定受託事務 (国が本来果たすべき役割に係るものであって国において適正な処理を特に確保する必要があるものとして法律等に特に定めるもの)	国は、地方公共団体に関する制度の策定に当たって、地方公共団体の自主性及び自立性が十分に発揮されるよ うにしなければならない
		法定受託事務については、できる限り新たに設けることのないようにするとともに、地方分権を推進する観点から検討を加え、適宜、適切な見直しを行うものとする
法令等により制度が定められていない事務	自治事務	地方公共団体に関する法令の規定は、地方自治の本旨に基づき、かつ、国と地方公共団体との適切な役割分担を踏まえたものでなければならない

地方自治の仕組み

国政と地方政治は大きく違う。国政では議院内閣制をとり、国会議員の中から総理大臣を選出し内閣をつくり行政のトップとなる。

地方政治は、二元代表制である。首長も議員も選挙で選ばれる。これを二元と呼んでいるわけだ。首長は当選すればそのまま行政のトップとなる。議会は首長及び行政のあり方をチェックする役割になる。

国政では多数派を占める与党または連立与党によって総理大臣を選び、その総理大臣が組閣をするので、議会(国会)では与党と野党といった対立の上で行政のチェックが行われる。地方では首長対議会でチェックをすることになり、議会と対立してしまった首長は孤立してしまう可能性もある。

また、職員たちもそれぞれに支持する政党があるし、仕事の上で議員との関係性も生じてくる。選挙でいつ代わるかわからない首長や議員よりも、長年携わる職員側に実務上のパワーがあるのは致し方ないことだ。このパワーをコントロールするのが首長の人事権である。

人事権といっても役職を変える(更迭など)ぐらいで、公務員を解雇することはかなり難しい。**議会と首長が対立したまま平行線をたどると行政はストップしてしまう。**予算も決まらず、なにも執行されないことになるのだ。

緊急事態の場合のみ、首長による専決処分は可能だが、厳しい条件がある。
また議会の解散をする場合、首長に対する議会の不信任決議を受けて10日以内に議会の解散ができるとはいえ、不信任案も出ていない段階では解散できない。

地方の制度と国の関係

地方の役割は、地方自治法に規定されているが、国でやることと地方でやることをどう切り分けるかは大きな課題である。２０００年に施行された「地方分権一括法」（地方分権の推進を図るための関係法律の整備等に関する法律）によって、地方の事務は大きく分けて法定受託事務と自治事務に再編された。

１９９６年の地方分権推進委員会による第一次勧告以後、国は地方分権改革を進めてきた。２００９年には内閣府に地域主権戦略会議を設置し、民主党政権が推進してきたが、２０１２年の第二次安倍内閣以降、地方創生の推進、国家戦略特区、まち・ひと・しごと創生本部の設立など、**地方分権よりも関心としては経済活性化を主としている。**

その中で地方自治体の首長、議会はどのような活動をすべきかが、いま問われている。オリンピック招致活動はその象徴的なケースになっている。海外からの観光客を増やすためにも政府の事業との関係が深くなっている。

同時に現在問題になっているのは地方議員の能力である。国会議員クラスの首長と高学歴の職員に対抗する能力を持った議員が足りないとの指摘もある。

CHAPTER 3-05

議員の世襲と政党公募制

誰もが議員になる時代へ

日本独特の世襲の構造

歴代総理大臣のうち現行憲法下で就任した31人中9人がいわゆる世襲議員である。少ないように見えるが、宮澤内閣が誕生した1991年（平成3年）以降で見ると、14人中9人となる。平成になってから誕生した総理大臣の6割以上が世襲である。

このほかにも国会議員だけではなく、地方の議員でも世襲は存在する。

こうした事態を詳しく分析した上杉隆著『世襲議員のからくり』によれば、これは日本独特の政治構造に支えられているのである。

1、政治資金管理団体を非課税で相続できること。

2、後援会が世襲を望むことが多いこと。

3、政策論争よりも看板つまり著名な名前で当選する確率が高まること。

選挙で重要ないわゆる**地盤（後援会）**、**カバン（資金）**、**看板（知名度）の「三バン」が続く限り、世襲議員の優位は変わらない**。その陰で、優秀な人材が消えていく可能性もある。

〈世襲が有利?〉

戦後の主な内閣総理大臣とその親の職業

内閣総理大臣	その親の職業
片山哲	弁護士
芦田均	豪農(庄屋)、議員歴あり
吉田茂	土佐藩士、政治活動など
鳩山一郎	父は弁護士、母は教育者
石橋湛山	僧侶
岸信介	山口県庁、酒造業
池田勇人	事業経営、郵便局長など
佐藤栄作	酒造業
田中角栄	農業
三木武夫	農業など
福田赳夫	豪農(庄屋)、町長
大平正芳	農業、村会議員
鈴木善幸	漁業
中曽根康弘	材木問屋
竹下登	酒造業
宇野宗佑	酒造業

内閣総理大臣	その親の職業
海部俊樹	写真館経営
宮澤喜一◎	衆議院議員
細川護熙	細川家当主
羽田孜◎	衆議院議員
村山富市	漁業
橋本龍太郎◎	衆議院議員
小渕恵三◎	衆議院議員
森喜朗	町長など
小泉純一郎◎	衆議院議員
安倍晋三◎	衆議院議員
福田康夫◎	内閣総理大臣
麻生太郎◎	実業家・政治家
鳩山由紀夫◎	参議院議員
菅直人	実業家
野田佳彦	自衛官

政治団体の種類

政　党	次のいずれかにあてはまる政治団体 ①所属国会議員が5人以上 ②前回の衆議院議員総選挙(小選挙区・比例代表)、前回又は前々回の参議院議員通常選挙(比例代表・選挙区)のいずれかの全国を通じた得票率が2%以上
政治資金団体	政党のために資金を援助することを目的とし、政党が指定した団体
その他の政治団体	政党・政治資金団体以外の政治団体(主義主張団体、推薦団体、後援団体、特定パーティー開催団体等) 資金管理団体：公職の候補者が、その者が代表者である政治団体のうちから、一つの政治団体をその者のために政治資金の拠出を受けるべき政治団体として指定したもの

出典：総務省　※このほかに国会議員関係政治団体もある。

地盤、カバンはプロ政治家の財産

ＮＨＫの「データなび」では戦後70年間に当選した、延べ１万８０００人超の衆参議員のデータを分析したが、残念ながら公式サイトからはすでに消えてしまっている。それによると、三親等以内に国会議員がいる割合は終戦直後に５％程度だったものが、２０１４年には23％に増えたという。民主党政権から自民党が与党に返り咲いた12年以降に顕著となっている。

つまり**世襲議員は珍しいものではなく、むしろ日本的政治の本流といってもいい面を持っている。**

資金については規制の緩い時代から存在しているものが有利になり、その間に実績（総理大臣になるなど）があればあるほど、大きくなる。地方で資金を出す人や組織は限られているので、新人がゼロから資金を得ることが難しくなっていく。

また後援会も同様だ。後援会が強ければ議員の活動もしやすくなる。

そして看板。選挙の投票時に書きやすい名前であることは、相変わらず有利である。とくに高齢化が進む地域では、馴染みの苗字が有利になる。名前も太郎、一郎などわかりやすい名が書きやすい。

もしも政治家が「仕事」あるいは「事業」なら、せっかく一代で築き上げた地盤、看板をみすみす他人に渡すことはできないだろう。必死の思いで築き上げた「財産」と考える政治家がいてもおかしくはないのである。

日本の政治が変わるとき

「21世紀に入って、政治の様相は大きく変わったのです」と政治学者で東大名誉教授である御厨貴氏は言う（『政治家の見極め方』）。

それによって政治家も変わっていくと考えられる。その大きな要因としては、安倍内閣から大統領制にも似た意思決定システムに変わったこと、さらに政党助成金によって党内派閥が事実上ほとんど無力になったこと、国民がＳＮＳでどんどん意見を言う時代になったことなどが挙げられる。

たとえば「保育園落ちた日本死ね」は２０１６年の新語・流行語大賞のトップテンに入ったほどだが、最初は匿名の主婦のつぶやきだった。それが政治を動かすのである。そうなると、**世襲であるかどうかよりも、まったく別の資質が重視されていくことになるだろう。**英国では世襲はほとんど評価されない。政治的な主張や活動、そして討論によって厳しく選別されていく。本当の意味で勝ち残った者がトップに立つ。日本でもいずれその時代が来るかもしれない。

東京都知事となった小池百合子氏が「希望の塾」を立ち上げて話題となったが、大阪維新の会による「維新政治塾」（２０１2年）をはじめほかにもＴＯＫＹＯ自民党政経塾、小沢一郎政治塾、そして松下政経塾が知られている。

新時代の政治家がどこから登場するか。そこが注目されている。

CHAPTER 3-06

政党と圧力団体の関係

国民の声はどう政治に反映されるのか？

政治献金は企業の社会貢献？

一般社団法人日本経済団体連合会（経団連）は、2016年10月に「政治との連携強化に関する見解」を表明した。そこには「政治寄附については、経団連はかねてより、民主政治を適切に維持していくためには相応のコストが不可欠であり、企業の政治寄附は、企業の社会貢献の一環として重要性を有するとの見解を示してきた」として、「日本再興に向けた政策を進める政党への政治寄附を実施するよう呼びかける」と会員各社へ、政治献金を呼びかけている。これは3年連続で、つまりは第二次安倍内閣以降の話である。

経団連は、「GDP600兆円経済の実現に向けて」という2016年度事業方針を打ち出しており、それにふさわしい政党を支援しようということである。また「主要政党の政策評価」も公表している。

国民の政治参加法として、選挙や市民運動のほかに、**利益を同じくする者同士の団体に所属して、政治に働きかける方法**がある。そうした団体は利益団体または圧力団体と呼ばれる。

〈圧力団体・利益団体とは?〉

利益団体の分類

R・T・マッケンジーらによる分類	
1、部分団体	特定の利益のみを追求している。労働組合、農業団体など
2、促進団体	公共の利益を追求する。環境保護団体、人権団体など
3、潜在団体(※) ※トルーマンによる分類	将来、利益集団として活動する可能性のある団体

村松岐夫の分類	
1、セクター団体	職業や業種を代表する団体。経団連、農業協同組合など
2、政策受益団体	政策や補助金などによって利益が左右される団体。福祉団体、農業団体、教育団体など
3、価値推進団体	特定の価値、利益を広める目的の団体。環境保護団体、人権団体など

主な利益団体

日本経済団体連合会(経団連) 経済同友会 関西経済連合会(関経連) 中部経済連合会(中経連) 日本商工会議所(日商) 電気事業連合会(電事連) 日本労働組合総連合会(連合) 全国労働組合総連合(全労連) 全国労働組合連絡協議会(全労協) 農業協同組合(農協) 全日本自治団体労働組合(自治労) 日本教職員組合(日教組)	全日本教職員連盟(全日教連) 日本PTA全国協議会 日本会議 神社本庁 新日本宗教団体連合会 創価学会 日本医師会 日本看護協会 日本助産師会 日本歯科医師会 日本薬剤師会 日本遺族会	日本馬主協会連合会 パチンコチェーンストア協会 全国郵便局長会 全国消防長会 全国消防職員協議会 地方六団体 在日本朝鮮人総連合会 (朝鮮総連) 在日本大韓民国民団(民団) 部落解放同盟 北朝鮮に拉致された日本人を救出するための全国協議会

主なサードセクター(市民セクター)

法人格を持つ	特定非営利活動法人、一般社団・財団法人、公益社団・財団法人、医療法人、特定公益増進法人(学校法人、社会福祉法人等)、協同組合
法人格を持たない	自治会・町内会、婦人・老人・子供会、PTA、ボランティア団体など
その他	公益的な活動を主な目的とする営利組織からなるセクター

※法人格を持つ団体は法人格を得る段階で行政との関係が生まれる(許認可、要件など)。法人格を持たない団体も自治体などの規定を満たすことが条件となっていることが多い(たとえばPTAは学校単位で1つしか認められないなど)。

族議員と政党と政府

改革を求められる農協でも、たとえば11月に「TPP承認案及び関連法案の衆議院通過に関する奥野長衛JA全中会長談話」を公表し、その中で「不安の声が依然根強くある」とし、「政府・与党におかれても、平成27年に閣議決定された『食料・農業・農村基本計画』の実現に万全を尽くしていただきたい」と主張している。

農業をより生産的にし、農家の所得を向上させ、ひいてはTPPなどの自由貿易拡大に耐えられるように改革することが叫ばれて久しい。規制緩和をしても農協の存在がネックになるとし、農協改革を迫っていた与党だが、農協もまた圧力団体の一つである。

与党の内部でもいわゆる農林系議員（族議員）が動いてまず政党に働きかける。この場合では自民党案を修正するように求める。そして政府が修正案を認めれば、事実上改革案は農協らのパワーによって修正されたことになる。

経団連や農協のように、国の政策と自分たちの方針を摺り合わせながら、利益を大きくしていく。経団連も農協もその会員は国民であるが、その声がより大きくパワーのある側に有利に働く傾向は否めない。

ネオ・コーポラティズムと呼ばれ、政府が政策を実現させるために、**あらかじめ利益団体の代表を参加させて利害調整を図る方式（新協調組合主義ともいう）が定着**している今日では、むしろ自然なことでもある。

注目されるサードセクターの存在

政策は、官僚、政治家、議会で決めていくのだが、政策の効果を最大限に発揮するためには実行する人々（利害関係者）の意欲が重要になってくる。利益団体は、自分たちの利益を主張して、政策と一致させていくことを求める。

力を持った団体は、自ら調査しデータを取り、政策を立案して議員たちに働きかけていく。これはロビー活動（ロビイング）と呼ばれる。ただし、利益団体、圧力団体は、あくまで民間の団体であり、自ら政党になるといった政治活動はしない。

民主主義による決断は、このように国民の意思をできるだけ反映させるものとなるが、現実には利益団体や圧力団体は、自分たちが望んだ政策の成功や失敗に責任を持たない。たとえ負の効果を生み出しても、誰も責任を取らないのである。

合理的で実効性の高い政策を官民で作りだすプロセスは正しいとしても、ともすれば無責任な決断になりかねない。

近年、サードセクターの存在も注目されている。第三セクター（官民で出資して運営する事業）とは関係なく、**政府行政セクター、営利企業セクターと並ぶ市民社会のことをサードセクターと呼んでいる。**NPO、NGOのほか法人格を持つ福祉団体、法人格を持たない自治会なども含まれる。地域おこしをはじめ力をつければロビイングも行うなど、今後は政策の主役になる可能性も出てきている。

CHAPTER 3-07

米国大統領選挙はなぜ特別か？

伝統と新しい動きの中で

社会主義や反グローバリズム

２０１６年の米国大統領選では、予想を覆し共和党のドナルド・トランプ候補が当選した。さらに驚きはバーニー・サンダース氏（民主党）の登場である。彼は米国の歴史上はじめて、社会主義の下院議員であり大統領候補者であった。

米国にも少数派ながら二大政党以外の党もある。サンダース氏は大統領選に出るために民主党に入ったのだ。**二大政党は論点がわかりやすいこともあり、英国で１８００年代から続いており、米国などにみられる。**ただ、選挙制度（選挙区の区割、比例代表制）などによって多党化することも知られている。

米国はいまなお二大政党であるものの、国民が政治に望むことも多岐にわたり、多様な人種、さらに経済格差の拡大などから、少数派の政党も政治力を持ちはじめる可能性はある。また保守的な考えも、強い米国を望みながら内向き（排他的）な発想が支持されやすくなるなど、これまでのパクス・アメリカーナの発想からは転換しつつある。

〈独特の選挙人制度〉

米国大統領選の仕組み

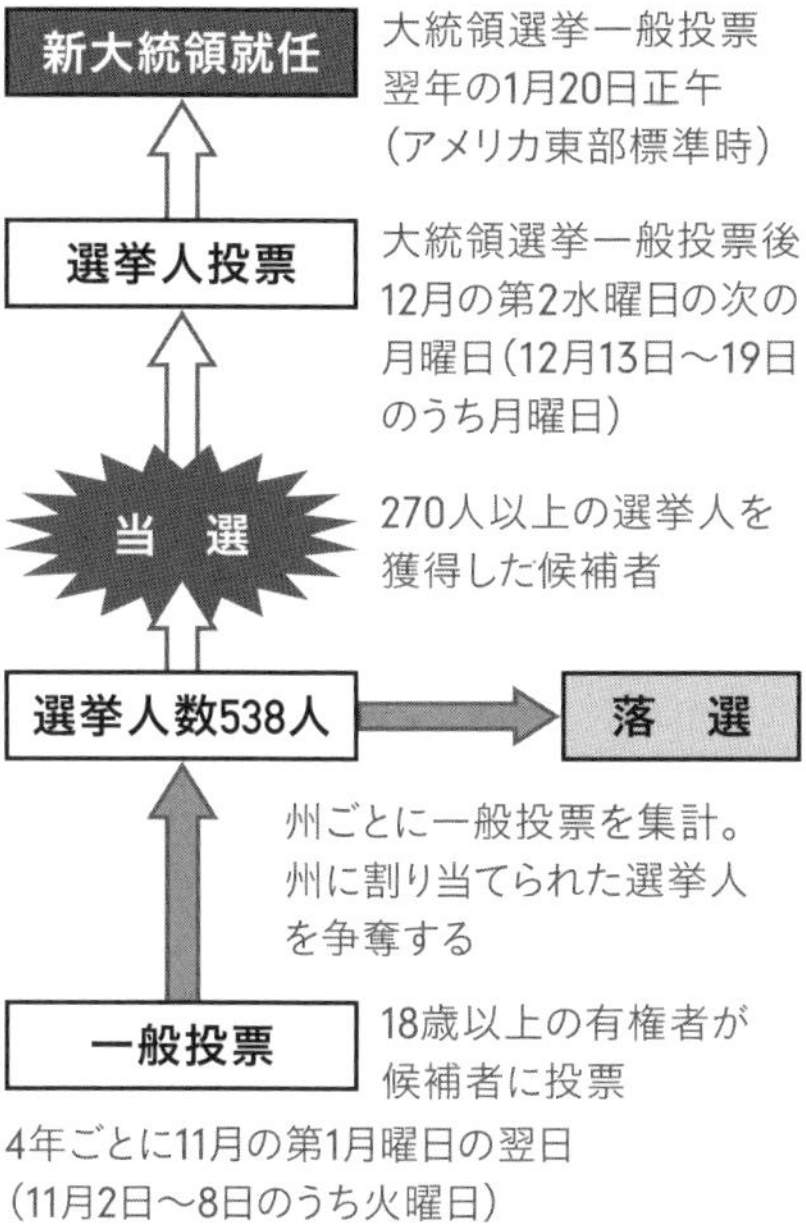

選挙人(elector)制度は米国の大統領選がはじまったときからの伝統。1788年に発効した合衆国憲法制定時に導入された。あまりにも広い国土のため直接選挙が難しいこと、当時奴隷制度を採用していた南部が直接選挙を支持しなかったことなどから、あらかじめ州の名士などを選挙人として選出しておき、選挙人による投票で大統領を決める現行の方式となった。

選挙人は連邦上院・下院の合計議席と同数を各州の人口に合わせて振り分ける(10年ごとの国勢調査に基づく。現在は2010年実施の調査結果による)。人口が変化すると選挙人数が変わることになる。ただしワシントンDC(コロンビア特区)のみ選挙人数は3で固定されている。

この制度は憲法で規定されているが、一般投票の結果を各州でどのように選挙人の間で配分するかは決められていない。方法は各州で決めることができる。その結果、ネブラスカ州とメイン州を除いて、最大得票の選挙人団に全議席を与える勝者総取り方式になっている。ネブラスカ州(選挙人5人)とメイン州(同4人)は、勝者総取り方式と小選挙区制を併用し、最大得票数を得た側が選挙人2人を獲得し、残りを得票率に応じて振り分ける。

2016年現在で、選挙人がもっとも多いのは55人のカリフォルニア州、次いで38人のテキサス州。29人のフロリダ州とニューヨーク州である。前回調査から選挙人数が増えた主な州は、テキサス州(4人増)、フロリダ州(2人増)、アリゾナ州、ジョージア州、ネバダ州、サウスカロライナ州、ユタ州、ワシントン州(各1人増)。減った州はニューヨーク州、オハイオ州(各2人減)、イリノイ州、アイオワ州、ルイジアナ州、マサチューセッツ州、ミシガン州、ミズーリ州、ニュージャージー州、ペンシルベニア州(各1人減)だった。

大統領選の仕組みと問題点

米国大統領の任期は4年。最長2期までと決まっているため、確実に定期的に大統領は交代する。しかもその選挙は予備選(各党の大統領候補を選ぶ)を含めれば約2年にわたる長期戦となる。予備選は各党大会に出る代議員の争奪戦だ。今回の予備選では民主党の代議員は約4800人、共和党は約2500人で、それぞれ過半数を獲得した者が党の大統領候補者となった。

候補が決まっていよいよ本選がはじまる。投票日はオリンピック夏季大会がある年の11月。18歳以上の者には投票権がある。各州ごとに集計され、この投票によって選挙人が選ばれる。全米で538人の選挙人がいるので、270人以上を獲得した者が大統領になる。その選挙人による投票は12月。このときの投票は翌年1月の連邦議会で開票され、正式に大統領が選出される。

この複雑な選挙は米国の憲法で規定されており、改定する話は出ていない。多数派を占める二大政党に都合がいいだけではない。予備選から含めると、大統領候補者は全国をまわって支持を集めなければならない。広い国土でありながら、同時に草の根運動も必要な選挙方法は民主的であり、多くの人が政治に関心を寄せる点で優れているとの考え方もある。

もっともそのために費用も大きくなり、ある団体の試算によれば2016年の大統領選はもっとも高く全体で66億ドル(約6900億円)規模といわれている。

CHAPTER 4

知っておきたい法律の常識

CHAPTER 4-01

ガバナンスとコンプライアンス

知っておきたい会社法の知識と取締役の義務

ステークホルダーに配慮した経営

旧商法の会社編をベースに、独立した法律としてつくられた会社法が施行されてすでに10年以上が経過した。会社法は、設立、株式、機関(組織)、計算(会計)、清算など、会社にまつわるルールを集約したもので、ビジネスパーソン、とくに管理者層以上の立場の人であれば、その内容はひととおり押さえておきたい。

ことに、**コーポレート・ガバナンス(企業統治)やコンプライアンス(法令遵守)という概念は、会社運営を行っていく上で重要なカギとなる。**これは、単に法令違反による不祥事を防止するといった意味にとどまらず、すべてのステークホルダー(株主、顧客、取引先、消費者、地域住民、従業員などの利害関係者)に配慮した経営を実現するということだ。

機関設計(会社の組織形態)によりその実現をめざす企業も増えてきたが、その根幹にあるのはいうまでもなく会社を動かす経営陣の姿勢である。そこでこの項では、会社法に定められた取締役の義務について説明していこう。

〈取締役の義務〉

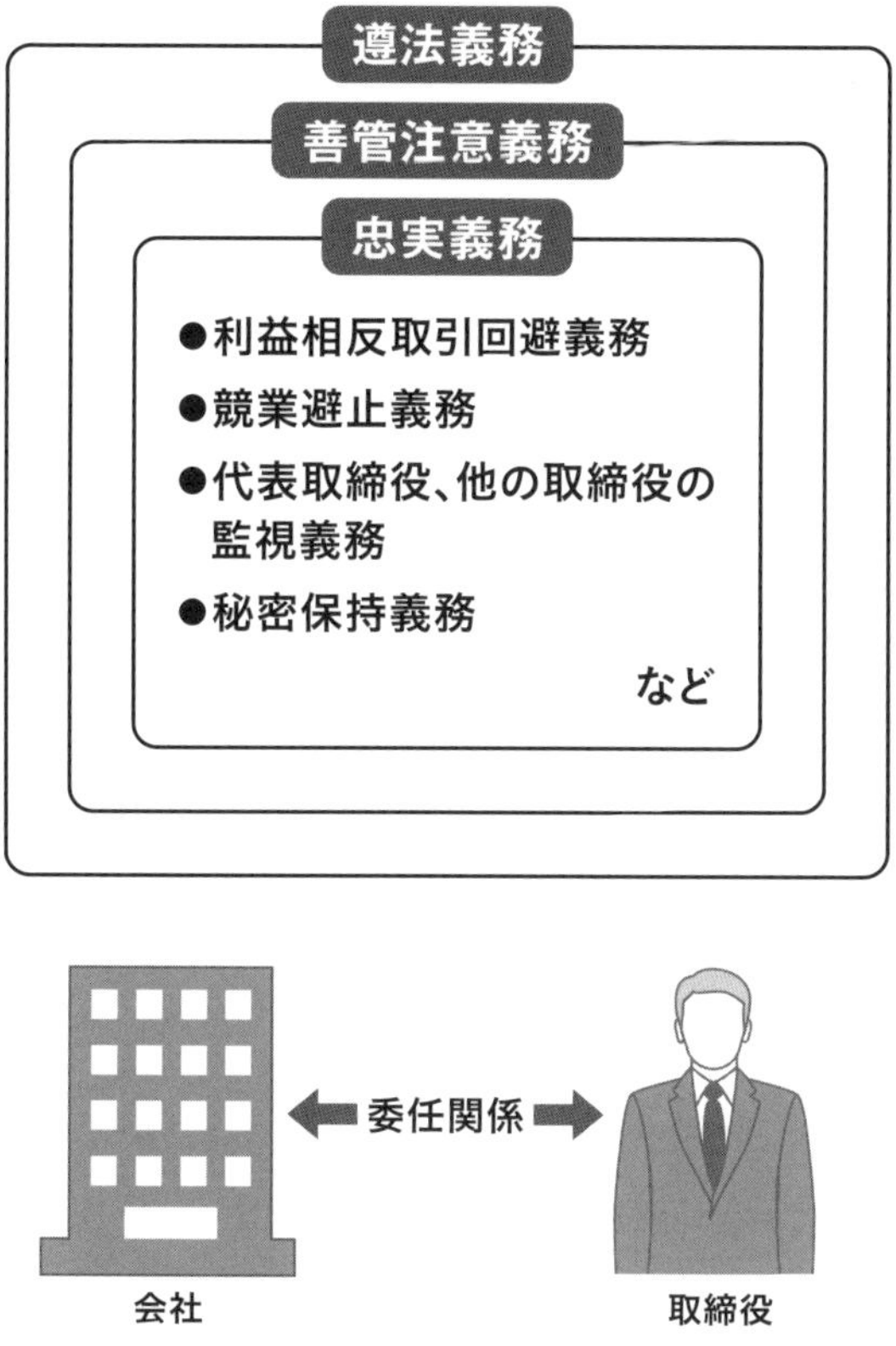
遵法義務
善管注意義務
忠実義務
●利益相反取引回避義務
●競業避止義務
●代表取締役、他の取締役の監視義務
●秘密保持義務
など
委任関係
会社
取締役

善管注意義務と忠実義務

一般に取締役は、従業員のように会社に雇用される者ではなく、会社から経営を委任された者である。そのため、民法644条が準用され「善良な管理者の注意をもって事務を処理する義務」、略して「善管注意義務」を負う。

善管注意義務とは、その取締役の専門家としての能力や職務、社会的地位から考えて、通常期待される注意義務のこと。単なる従業員のレベルではなく、取締役という肩書きに値するだけの高度な注意力が要求される。この注意義務を怠り、履行遅滞、不完全履行、履行不能などに至った場合は、状況により損害賠償や契約解除が可能になる。

会社法355条に定められる「忠実義務」とは、文字通り、営利企業である会社にとってもっとも有利となるよう、会社のため忠実に、その職務の遂行にあたらなければならないという義務のことだ。この忠実義務をより具体化したものとしてあげられるのが、利益相反取引回避義務、競業避止義務、他の取締役の監視義務、秘密保持義務などであり、コーポレート・ガバナンスやコンプライアンスの観点からも欠くことのできない義務といえる。

ほとんどの日本企業では、出世街道のゴールが取締役（社長を含む）という形になっているが、部長あるいは本部長（執行役員）といった**従業員の最高位から取締役になるということは、単なる昇進ではない。「雇用」から「委任」へという身分の変更を伴い、こうした重い責任を伴う義務を負わされる**大きな変化なのだ。

自らを厳しく律することが求められる

取締役に課される利益相反取引回避義務や競業避止義務とは、どんなことを指すのだろうか。

利益相反取引とは、会社と取締役の利益が対立するような取引のことで、会社の財産を譲り受ける、自分の財産を会社に譲り渡す、あるいは会社から金銭の貸付を受けることにより、会社に損害や不利益をもたらすものである。また、競業とは会社と同じ事業を営むことで、会社の情報を握っている取締役がいわば商売がたきになることといえる。もし、これらの取引を行う際には、株主総会でその事実を説明し、承認を受けなければならないと会社法356条に規定されている。

また、取締役は、代表取締役や他の取締役の業務執行について監視する必要がある。たとえばここで説明した利益相反取引が行われていないか、営利追求のために法令違反を犯していないかなどをチェックすることが求められているのだ。

当たり前のことだが、これまで述べてきた取締役への義務の前提には遵法義務がある(会社法355条)。まさに、コンプライアンスの考え方なくして、現代の会社経営は成り立たない。そして、**企業経営者、会社の取締役たる立場にある人間に求められることは、私利私欲を捨て、経営に対するチェック機能をより高めること**といえる。CSR(企業の社会的責任)という言葉が一般化したいま、より高い意識や配慮が求められている。

CHAPTER 4-02

働き方をめぐる部課長の常識

労働法の知識と労務管理のあり方

労働時間と休日・休暇

部課長という立場にある人に求められる知識やスキルは多岐にわたるが、企業規模や業種業態にかかわらずきちんと把握しておかなければならないものとして、労働法の知識がある。なかでも、1人でも部下を持つ人にとって、労働基準法に定められた労働時間や休日・休暇などの規定についてきちんと把握してマネジメントを行うことは必須といえる。

常識の部類に属することといえるが、ここで改めて確認しておきたい。

法定労働時間は原則1日8時間、1週40時間でこれを超えて労働させることはできない。また、労働時間が6時間を超える場合は45分以上、8時間を超える場合は1時間以上の休憩を与えなければならない。そして、少なくとも毎週1日の休日か4週間を通じて4日以上の休日を与えなければならない。

なお、残業(時間外労働)をさせる場合には、労働組合または労働者の過半数を代表する者と時間外労働協定(36協定)を結び、労働基準監督署に届け出る必要がある。

〈労働時間法制の概要〉

法定労働時間(原則)

1日8時間、1週40時間まで

↓

〈時間外労働(残業)をさせたい場合〉

↓

36協定の締結

[ただし、協定を結んでも、上限は
1ヵ月45時間、1年360時間まで]

法定労働時間の例外

- 1ヵ月単位の変形労働時間制
- 1年単位の変形労働時間制
- 1週間単位の変形労働時間制
- フレックスタイム制
- みなし労働時間制

「ブラック企業」と呼ばれないために

昨今は、政府が「働き方改革」を提唱する一方で、過重労働やパワハラなどによる過労死や過労自殺を引き起こす「ブラック企業」の存在に批判が集まっている。

政府によると働き方改革とは、「一億総活躍社会実現に向けた最大のチャレンジ。多様な働き方を可能とするとともに、中間層の厚みを増しつつ、格差の固定化を回避し、成長と分配の好循環を実現するため、働く人の立場・視点で取り組」むものであるという。長時間労働を是正し、生産性を上げつつ、個々のワーク・ライフ・バランスを実現するといった趣旨であろう。これは、従業員に長時間労働を強いるブラック企業的なものへのアンチテーゼであるとともに、これまでの日本人の働き方や組織における滅私奉公的なメンタリティへの警鐘と捉えることができるだろう。

前述の36協定を結んでも、時間外労働が無制限に是認されるわけではない。原則としてその**上限は、1ヵ月で45時間、1年で360時間と定められている。**たとえ残業代(割増賃金)をきちんと支払ったとしても、こうした限度を超えて働かせることはペナルティにつながるとともに、会社にも従業員にもいい影響を与えることはない。

現場の管理者は、こうした世の中の趨勢や法規制に配慮しながら部下を管理し、チームの業績を上げていかなければならない。そうした努力の積み重ねが、誰もが働きやすい「ホワイト企業」への道につながっていくといえよう。

ダイバーシティへの配慮

労務管理上、部課長が配慮しなければならないのは、労働時間や休日といったことだけにとどまらない。

近年は雇用形態が多様化し、正社員、契約社員、派遣社員、パートタイマー、アルバイトといった、雇用契約上異なる属性の人たちが同じ職場で働くことはめずらしくなくなった。また、1986年に施行された男女雇用機会均等法をはじめ、性別を理由に労働条件等において差別することが許されなくなって久しい。そのうえ、グローバル化の進展により、外国人社員を雇用することも特別なことでなくなった。まさに、ダイバーシティ（多様化）の時代に入ったのだ。

このように働く人々の属性も価値観も多様化している職場で、それぞれに配慮した労務管理を行うことは当然のことといえるだろう。

さらに、働く女性の増加や少子高齢化の進展により、従前からあった**産前産後休業に加え、育児休業制度や介護休業制度などが整備**され、そうした制度を積極的に利用して実のあるものにしようという動きもみられる。

男性正社員だけが職場の主役という時代は終わり、働く人たちの多様性を強みに転換するマネジメントがいま求められている。

CHAPTER 4-03

知財の保護

国際競争力を高めるために

自由な競争と権利の保護

知的財産(知財)が重視されるようになったのは、グローバル競争社会となったこと、そして日本の国際競争力の低下も遠因である。

グローバル競争の時代といわれる中で、企業にとって攻めと守りの両面で、国際標準の知識と組織的な対応が求められるようになったことから、国をあげて知財について改めて強化を図る必要が出てきた。

そして2000年以降、日本の国際競争力の低下が顕著となってしまった。独、米といった競争力上位国との差を埋めるどころか、むしろ差が開いている。2016年の世界経済フォーラム(WEF)で公表された国際競争力では日本は6位から8位に後退した。

現代の競争はIT技術やゲノム(遺伝子)、医薬品などに代表されるように高度な頭脳戦となっている。そこで**競争力を得るためには、より高度な知財への対応が不可欠**だ。いわば、守りから建て直すのが急務となっている。

〈知的財産権とは?〉

創作意欲を促進する知財

知的創造物についての権利

特許権（特許法）	「発明」を保護　出願から20年（一部25年）
実用新案権（実用新案法）	物品の形状などの考案を保護　出願から10年
意匠権（意匠法）	物品のデザインを保護　登録から20年
著作権（著作権法）	文芸・学術・美術・音楽・プログラムなどの精神的作品を保護 死後50年（法人は公表後50年、映画は公表後70年）
回路配置利用権（半導体集積回路の回路配置に関する法律）	半導体集積回路の回路配置の利用を保護 登録から10年
育成者権（種苗法）	植物の新品種を保護　登録から25年、樹木30年
技術上・営業上の情報を保護 営業秘密（不正競争防止法）	ノウハウや顧客リストの盗用などを規制

信用の維持

営業上の標識についての権利

商標権（商標法）	商品・サービスに使用するマークを保護 登録から10年（更新可能）
商号（商法）	商号を保護
商品表示、商品形態 （不正競争防止法）	混同惹起行為、誤認惹起行為、著名表示冒用行為、形態模倣行為（販売から3年）、ドメイン名不正取得などの不正競争行為を規制

産業財産権＝特許庁所管

知財のうち、特許権、実用新案権、意匠権、商標権のこと

特許庁資料より

法律と制度でどこまで守れるか

知財を守る法律としては、特許権、実用新案権、育成者権、意匠権、著作権、商標権といった各権利を守る法律と、2003年に施行された知的財産基本法がある。この条文に「我が国産業の国際競争力の強化を図ることの必要性が増大している状況にかんがみ」とある。

以前は縦割りということもあり、特許庁、文化庁(著作権)、経産省(不正競争防止法)、農水省(育成者権)、法務省(商号)など所轄官庁がバラバラに知財に対応していたことから、知財全体をくくる法整備がされた。

この法律によって首相官邸に「知的財産戦略本部」が置かれ、2005年には「知的財産高等裁判所」が設置された。

知的財産基本法では、国際的な対応、人材の育成などにも触れている。とくに人材について急務とされているが、これはもともと強みとしてあったはずの**暗黙知を知財として国際的に通用する形にする必要がある**からだ。いくら法整備がされても、暗黙知を知財に変換する作業をする者が足りない。宝の山を持ちながら、それを世界に示すことができないために競争できないのである。

なにが自分たちの強みかを知ることは競争に勝つための基本だが、今後は強みを知財としてしっかり保護できなければならない。

問題が起きたときにどう対処できるか

国内で起きた知財の事件は、二つのルートを辿ることになる。特許庁の審決（行政による準司法的な公権判断）を不服とする場合、一審として知財高裁で争い、なおも不服の場合は最高裁となる。全国の地裁で起こされた特許権、実用新案権、半導体集積回路の回路配置利用権及びプログラムの著作物についての著作者の権利に関する訴えの控訴事件は知財高裁に集約される。

東京高裁管轄ではない権利についての争いは、一審の地裁を管轄する高裁が控訴審の場となる。

知財高裁には裁判官のほかに非常勤の専門委員がおり、技術的な面を含め詳細に審理して判決を下すことが可能だ。また多くの知財事件を集約することで、国内の判断に統一性を持たせることも容易になる。今後さらに判例が積み重なっていくことが期待されている。

国際的にはＥＵでは特許に関する統一特許裁判所の設置が話題となっている。ＥＵ加盟国の特許裁判を集約する案だ。

このほか、国連の機関として世界知的所有権機関（ＷＩＰＯ）の存在もある。産業財産権（特許、商標など）、著作権といった国際的に条約が結ばれている知財を管轄している。仲裁、調停など裁判外紛争解決手続きについても国際的になっているため、この方面でも専門家の育成が急がれている。

CHAPTER 4-04

談合・下請けいじめ

企業の公正な競争

談合を自ら報告すれば課徴金減免

談合事件は後を絶たない。とくに官製談合と呼ばれる公務員と業者による談合はもっとも糾弾されていい事件だが、事件として処罰されないものの「疑惑」を取り沙汰されるケースは多い。違反した場合は、公正取引委員会から排除措置命令を受けたり、課徴金を課せられたり、刑事罰となることもある。

2005年に独占禁止法が改正となり、課徴金減免制度が誕生した。談合は入札時に業者で話を合わせて希望の額で落札すること。カルテルは同業者が話をして価格競争を避ける協定を結ぶこと。いずれの場合も、複数の当事者がいる。このことから、調査開始前に最初にカルテルや談合を公正取引委員会に通報した企業は、課徴金を全額免除する。2番目で半額。以下調査開始後でも自ら申請すれば3割減免してくれる。ただし最大5社まで。調査開始後は3社までに適用される。2015年度は102件の申請があった。累計で938件になり、この制度の効果は出ているとみられる。

〈法的措置件数は減少傾向〉

法的措置件数と対象事業者等の数の推移

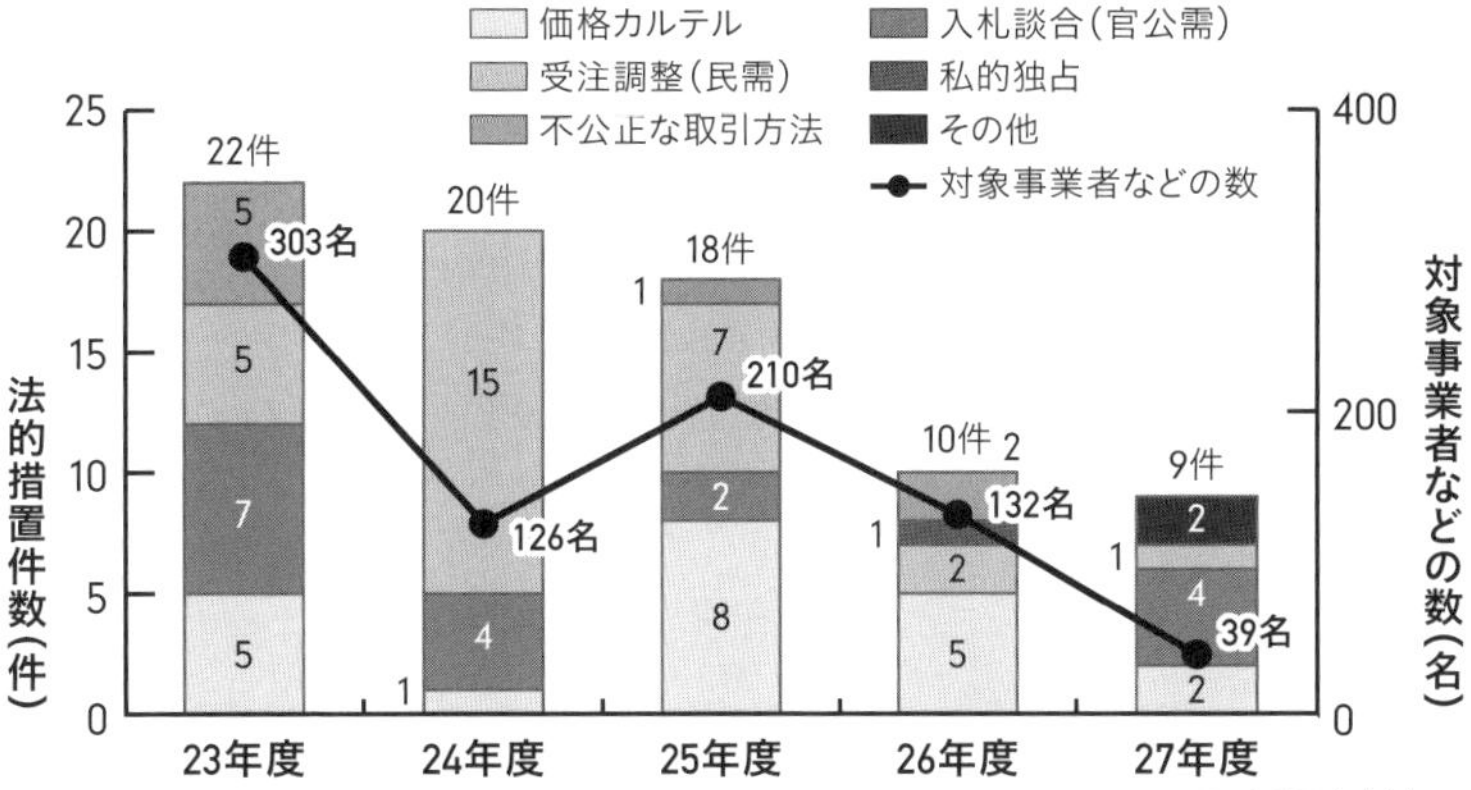

公正取引委員会資料より

下請法の親事業者と下請事業者とは？

(1) 物品の製造・修理委託及び政令で定める情報成果物・役務提供委託を行う場合

親事業者		下請事業者
資本金3億円超	→	資本金3億円以下（個人を含む）
資本金1千万円超3億円以下	→	資本金1千万円以下（個人を含む）

(2) 情報成果物作成・役務提供委託を行う場合（(1)の情報成果物・役務提供委託を除く）

親事業者		下請事業者
資本金5千万円超	→	資本金5千万円以下（個人を含む）
資本金1千万円超5千万円以下	→	資本金1千万円以下（個人を含む）

公正取引委員会資料より

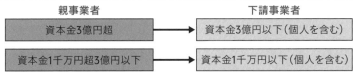

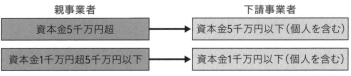

公正な競争とは

競争が激しくなると、コストが増大したり、価格を引き下げたりなどして企業の利益を圧迫する。それを避けるために、企業同士で密約を結ぶのがカルテル、入札時にあらかじめ参加企業で入札金額を決めてしまうのが談合。さらにその入札の談合に発注側の官公庁の人間が加わるのが官製談合である。ただし、技術や人員の問題で引き受ける企業がそもそも少ない案件では、談合以前に入札そのものがその企業の言い値になってしまう可能性もある。

入札には一般入札と指名競争入札がある。一般入札は条件さえ合えばどの企業でも参加できる。指名競争入札はあらかじめ指名された企業だけで入札をする。技術や品質を確保したいと考えれば、後者になりがちだが、その結果、どの企業が指名されたかわかるため談合につながりやすくもなる。

不公正な競争によって、消費者が高いものを買わされたり、入札金額が高くなって税金のムダ遣いが発生する可能性も問題だが、競争が働かない業界では新規参入も難しくなり、国内外の新しい企業が排除される可能性もある。

2005年の独禁法改正以降、**談合疑惑でも家宅捜索や差し押さえができるようになったため、疑惑を持たれると大きなニュースとなり企業イメージにも関わる事件となる。**これも一つの抑止力にはなっている。

下請けいじめの実態は？

公正取引委員会では、下請けいじめの摘発にも力を入れている。**下請法（下請代金支払遅延等防止法）は、親事業者による優先的地位の濫用を防ぎ、下請け（請負業）の利益を確保することを目的としている。**

日本の産業では規模の大きな企業が、規模の小さな請負業者を多数使ってコストの削減などを進めており、あまりにも極端になると下請けの経営が立ちゆかなくなる。またそれでも耐えている業者しか残らないため、ここでも新規参入が難しくなる。

下請法では親事業者の義務と禁止事項が設けられ、違反した場合は罰金や勧告が課せられる。2015年度の下請法違反被疑事件の処理件数は6000件を超えている。

優先的地位の濫用については、下請けに限らずあらゆる取引に適用されることを忘れてはいけない。仕事を出す見返りに自社商品の購入を迫ったり、協賛金を出させたり、人員を派遣するといった行為は独禁法で禁止されているのである。

発注しておきながらその後の売れ行き不振などを理由に、納品を拒否するといった行為。または支払いを遅らせたり、減額するといった行為も違反だ。

また発注しておいて出来上がった製品を見てから変更を何度も要求するようなことも、親事業者は慎むべき行為である。請け負う側は瑕疵担保責任を負うが、あくまで瑕疵のあったときの話で、仕様を勝手に変更しておいて無償でやり直させるのは違法である。

CHAPTER 4-05

製造物責任(PL)法

企業の責任とは?

損害賠償をめぐる法律

企業の責任といっても、その製品に問題があって使えなくなったり製品が破損したりといった場合と、その製品の欠陥によってたとえば火災が発生して人命が奪われたといった場合では、話は大きく違ってくる。

前者であれば被害者は、民法で規定されている瑕疵担保責任あるいは債務不履行といった考えで損害賠償を求めることができる。後者の場合は火災の原因が製造物にあったのか、それは欠陥だったのかが問題になる。

製造物責任(PL)法では、製造物の欠陥と、それによる損害であることを被害者が証明しなければならない。このため欠陥や因果関係の証明にかなりの時間がかかることもしばしばである。

またここでいう責任の所在は製品の製造業者、輸入業者など、製造物に社名、氏名などを表示した事業者のこと。単に製品を販売した店舗などは含まれない。

〈PL法の対象となるものは?〉

対象となるもの

製造または加工された動産
1995年(平成7年)7月1日以降に出荷された製品

被害の実態例

テレビなど製品から出火して他の家具などが燃えた

製品から出火してヤケドを負った

製品から火が出た

適用される法律

PL法
||
製造物の欠陥が原因で、
生命・身体・財産に被害を
受けた場合
PL法の適用とともに、民法も適用される

民法
||
製造物に欠陥が
あった場合

上記以外

➡ **民法**＝未加工の農水産物(野菜・果物・鮮魚など)や
不動産・サービスなどはPL法の対象外。

消費者を守るためにすべきこと

消費者を守る意味からすれば、欠陥の有無よりも、その製品によって被害を受けたことを証明すればよく、製品の使用期間、使用状況を明らかにして、欠陥による損害であることを推定できればいい。このため事故が起きたときには、被害者側は製品の状況を撮影しておくといった証拠を残すことも重要である。

裁判は時間も費用もかかることから、被害者にも多くの負担がかかる。そこで、裁判外での紛争処理も拡充している。

PLセンターが各製造業者の業界で設置されている。PL法成立時に国会で「裁判によらない迅速、公平な被害救済システムの有効性に鑑み、裁判外の紛争処理体制を充実強化すること」を付帯決議したことを受けて、各業界団体が中心となり、解決へ向けた調整・斡旋、相談業務などを行っている。

これに対して一般社団法人全国消費者団体連絡会では、製品安全専門委員会（PLオンブズ会議）を設置し、毎年PL法にまつわる提言をしている。2015年には法制定20周年となったが、そこでもなお「被害者の立証負担の軽減」や「訴訟の長期化問題」について消費者庁などに要望している。また20年前には予見できなかった事態として、製品が10年以上使用され続けたのちに欠陥による被害が発生しているケースや、輸入品のネット販売によって製造者が特定できないケースなど、時代に合わせた対応を求めている。

米国では大型の訴訟がよく話題になる。米国で難しいのは各州で法律が異なり、しかも判例主義ではない点。過去の判例から裁判の行方を考えることが難しいため、思わぬ結果になることもある。

自由貿易の拡大により、輸出をまったくしないメーカーは少なくなっている。相手国の状況をよく知らないまま輸出することは危険だ。たとえば米国では欠陥についての裁判となると、お互いに合意した点については情報開示をし合う方法が取られる。**ちゃんと開示していないというだけで裁判は不利になってしまう。**

こうした点の備えも重要になってくるが、大手企業ならともかく、中小企業では単独で万全な対応は取りにくい。たとえば、中小企業PL保険制度(日本商工会議所)の支払い限度額は最高で3億円。リコール担保特約でもリコール費用の90%が上限で1億円までとなっている。「海外PL保険」もある。商工会議所や保険会社で扱っているもので、損害賠償金、弁護士費用、裁判費用が保険の対象となり、法的なアドバイスなどの付帯サービスなどが保険によってさまざま用意されている。

とはいえ、日頃からきめ細かく製造にあたるための社内体制、検査体制、また万が一の場合の対応力をつけておくことも必要になる。

グローバル化の中では、責任をどう取るかも企業にとっては大きな課題なのである。

CHAPTER 4-06

個人、消費者、企業をめぐる法律

個人情報保護法／マイナンバー法

マイナンバーは用途が限定されている

行政の効率化、国民の利便性向上、公平で公正な社会の実現。これがマイナンバー制度導入の目的だ。

２０１６年からスタートしたマイナンバーは「行政手続における特定の個人を識別するための番号の利用等に関する法律」通称マイナンバー法で規定されている。

個人も法人もマイナンバーが付与され、「**何人も、次の各号のいずれかに該当する場合を除き、特定個人情報の提供をしてはならない**」（第19条）とその使用を厳密に制限している。ここに規定された用途以外ではマイナンバーを使ってはいけないわけだ。もちろん罰則もある。個人情報保護法の罰則よりも厳しくなっている。

たとえば事業者は個人のマイナンバーを税と社会保険の手続きに使用する場合のみ取得し、利用・提供することができるが、それ以外では取得も利用・提供もしてはいけない。必要なくマイナンバーを要求してはいけないのである。

〈気をつけたいマイナンバー〉

マイナンバーの利用範囲

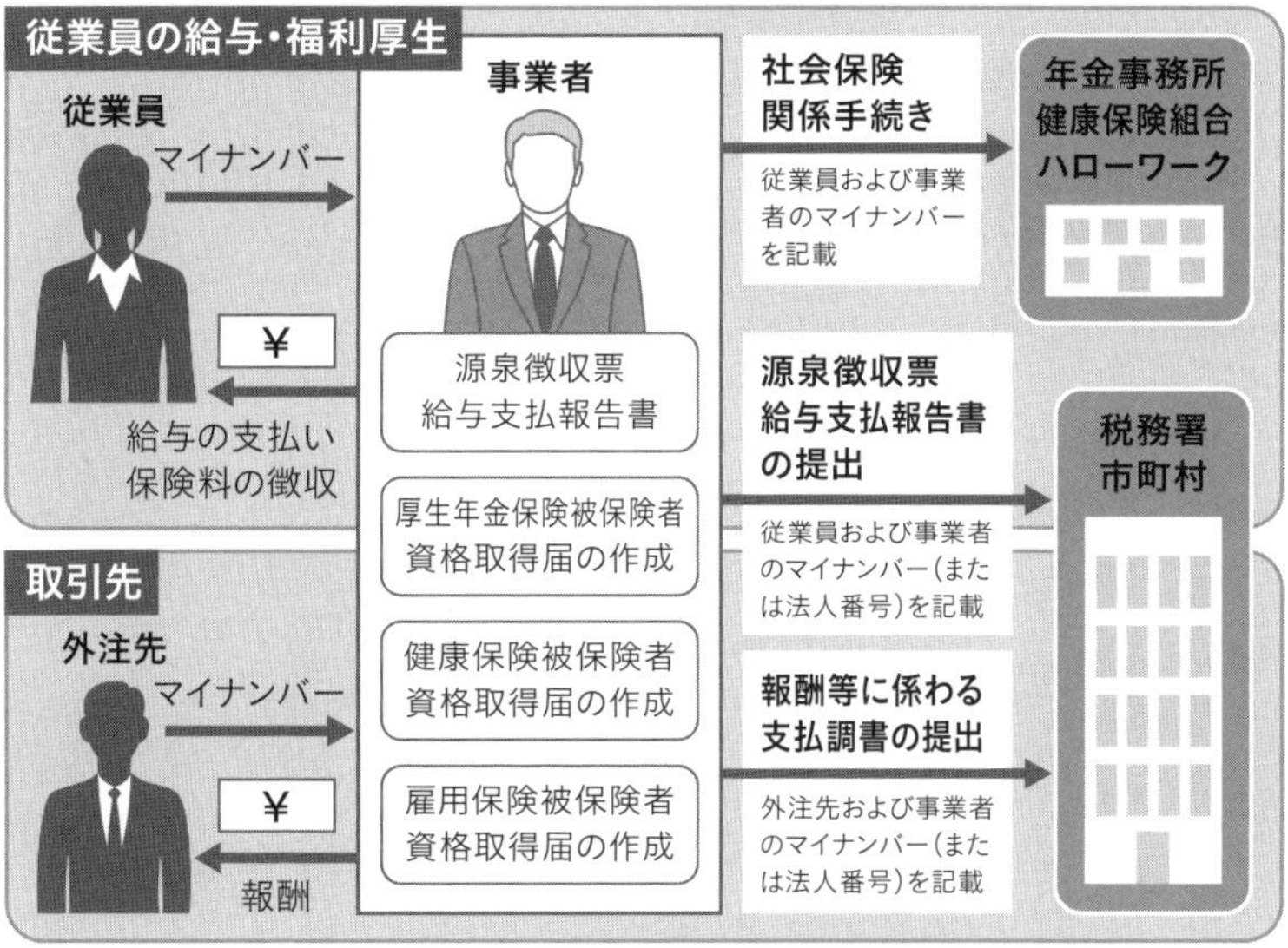

マイナンバー制度の主な罰則

特定個人情報ファイルを提供した	懲役4年以下	または罰金200万以下・併科
個人番号を提供又は盗用した	懲役3年以下	または罰金150万以下・併科
詐欺行為等による情報取得	懲役3年以下	または罰金150万以下
職権濫用による文書等の収集	懲役2年以下	または罰金100万以下
通知・個人番号カードの不正取得	懲役6ヵ月以下	または罰金 50万以下
特定個人情報保護委員会命令違反	懲役2年以下	または罰金 50万以下
特定個人情報保護委員会検査忌避違反等	懲役1年以下	または罰金 50万以下

個人情報をどう守るか？

新経済連盟では「マイナンバーを活用すれば世界最高水準のＩＴ国家の実現に近づく」と提言（「マイナンバー制度を活用した世界最高水準のＩＴ国家の実現に向けて」）するなど経済界からの期待も大きい。

その一方、マイナンバーを含め個人情報の扱いがかつてないほど重要な業務になっている。特に難しいのは、社内に専門部署を作ってそれだけで足りる、というわけにはいかない点だ。マイナンバーについては専門の代行業者に任せるケースが多いだろう。とはいえコストもかかることから、独自に対応する企業もある。いずれにせよ、個人情報に触れる機会のある社員は多く、それぞれがルールを守って対応できなければ、極めて危険だ。

個人情報保護法は２００５年に全面施行となってすでに10年以上となるが、その間にネット社会はさらに進展し、クラウドなど新しい技術が一般化している。

特定非営利活動法人日本ネットワークセキュリティ協会（ＪＮＳＡ）によれば**２０１５年の個人情報漏えいインシデントは漏えい人数として４９６万63人、件数７９９件、想定損害賠償総額２５４１億３６６３万円**だったという。

外部からの攻撃だけではなく、内部流出の防止も大きな問題となっている。

プライバシーマークの考え方

こうした個人情報を扱う上でよく知られているのがプライバシーマークである。一般財団法人日本情報経済社会推進協会（JIPDEC）によると現在、1万4988社に付与されている。2年ごとの更新もあり、ハードルは高い。それだけ付与された事業者の個人情報管理体制は、経営マターとして重視されているとみていいだろう。また、付与後にも苦情や事件等で審査機関が判断すれば注意勧告、付与の取り消し、一時停止などの措置が取られる。

プライバシーマークは、JIS Q 15001：2006に準拠した個人情報保護マネジメントシステム（PMS）を策定・運用することで取得の道が開かれる。このことから、プライバシーマークを取得しないとしても、事業者はこのPMSを参考にした社内体制の構築が不可欠であろう。

特に大切なのは社内で扱われている個人情報とその取得・利用方法である。これをすべて洗い出す必要がある。そのために全社統一の「個人情報保護方針」を策定しておきたい。そこになにが個人情報か、それをどう扱うか、を明示していく。

こうして明らかになった個人情報のリスクを調べる。リスクとそれに見合った対策の組み合わせを見つけるのだ。過剰な投資は経営を圧迫するが、リスクを軽視すると万が一のときに経営そのものが継続できない可能性もあるからだ。

社員教育を実施しながら、改善をしていくことが重要になる。

CHAPTER 4-07

会社の終わりとその再生

様々な倒産処理の方法がある

法的整理と私的整理

取引先や自社に関係する会社が、不幸にして倒産の憂き目に遭うことは、それほどめずらしいことではないかもしれない。会社は「ゴーイング・コンサーン」といわれ、未来永劫続くことが原則とされているが、その一方で、会社に「寿命」があることもまた事実である。そして、一口に「倒産」といっても、その内容は様々。ここでは、その処理のしかたに応じて、どのような形があるのか整理していこう。

まず**倒産手続きは、法的整理と私的整理とに大別される。**法的整理とは、裁判所の関与の下で、法律に則り手続きが行われるものだ。これに対して私的整理とは、債権者と債務者の話し合いによって処理を進めるものである。取引金融機関が債権者の代表として交渉にあたることが多い。

法的整理は、手続きの根拠となる法律により、破産、特別清算、民事再生、会社更生という4つの類型に分けられる。

〈倒産の実態は〉

法的整理の種類

清算型

- **破産（破産法）**…対象は法人と個人（いわゆる個人の自己破産も含まれる）
- **特別清算（会社法）**…対象は株式会社のみ

再建型

- **民事再生（民事再生法）**…対象は法人と個人（法人の場合、経営陣の交代は強いられない）
- **会社更生（会社更生法）**…対象は株式会社のみ（経営陣の交代は必須）

※( )内は根拠となる法律

企業倒産の状況（倒産件数、負債金額）

	件数(単位:件)		うち中小企業	負債金額(単位:億円)		うち中小企業
	実数	前年同期(月)比	実数	実数	前年同期(月)比	実数
平成23年	12,734	△ 4.4	12,687	35,929	△ 49.8	32,999
平成24年	12,124	△ 4.8	12,077	38,346	6.7	2,008
平成25年	10,855	△ 10.5	10,848	27,823	△ 27.4	27,428
平成26年	9,731	△ 10.4	9,723	18,741	△ 32.6	18,355
平成27年	8,812	△ 9.4	8,806	21,124	12.7	20,182

※中小企業庁資料、東京商工リサーチ調べ

倒産件数の減少は、アベノミクスによる成果という考えと、銀行によるリスケ（返済計画の見直し）が増えているからという考え、さらに中小企業の場合は経営者の高齢化、後継者不足などによる清算（解散）が増えているから、という見方もある。

清算型と再建型

法的整理において、その手続きの目的は2通りに分かれる。それは清算と再建である。ただし、再建を前提に手続きを進めていたとしても最終的に清算に向かうケースもあり、当初の手続きだけからその帰趨を判断することはできない。

清算型の手続きには、破産法による破産手続きと会社法による特別清算手続きがある。

破産手続きは、裁判所により選任された破産管財人が、破産者（債務者）の財産を調査、換価して、それを債権者に分配するもの。それにより、会社も債権債務関係もすべて消滅することになる。特別清算は、清算中の会社に清算の遂行に著しい支障をきたす事情や債務超過の疑いがある場合に行われる手続きで、破産手続きの特別なパターンといえる。

再建型の手続きには、民事再生と会社更生の2種類がある。

民事再生は、裁判所が選任した監督委員の監督の下、債務者が再生計画案を策定し、それに対する債権者の同意を得て裁判所から認可されれば、その計画に基づいて弁済等を履行して会社の再生を目指す手続きである。その際、経営陣の刷新は必ずしも求められない。そして会社更生手続きは、裁判所に選任された更生管財人が更生計画案をつくり、債権者の同意と裁判所の認可を得て、その計画に従って弁済等を履行し再建を目指すもの。民事再生との違いは経営陣の交代が必須であることであり、この手続きの対象となる会社のほとんどは大企業である。

CHAPTER 5

変革する業界を知る常識

CHAPTER 5-01

ビッグデータが起こすイノベーション

従来、見えなかったものを「見える化」する

価値を生む3つのV

21世紀になり、注目を浴びているのがビッグデータである。インターネットやスマートフォン等のＩＴ機器の普及で日々、膨大なデータが生み出されている。ネットショッピング、ウェブページの閲覧、ソーシャルメディアへの書き込み等……その中で、事業に役立つ知見を導出するためのデータを指している。特徴としては、従来から「データ量が多い」(Volume)、「様々な形式」(Variety)、「速いペースで生まれる」(Velocity)である。それに「価値」(Value)を加えたものといっていい。最近、流行語となったＩｏＴ(Internet of Things モノのインターネット)やＡＩ(人工知能)も根は同じものだ。コンピュータ技術の進展で、膨大なデータの収集・分析が速くできることで、発展してきている。以前だと、人間が試行錯誤をしてデータを集めてから規則性を発見していた。いわば、これは研究の世界のことだった。ところがいまはビジネスの世界でも簡単にできて、その**エビデンス（証拠）をどう生かすかという時代がやってきた**のである。

〈ビッグデータが新たなイノベーションを起こす〉

20世紀　ITの普及→　21世紀

従来のデータ

データの扱いは、科学者や総合研究所などの専門家が、課題に対して調査分析するものだった

ビッグデータ

日々、膨大なデータが発生、蓄積―ネットショッピング、ウェブページの閲覧、ソーシャルメディア、POSデータ、交通系ICカード等

ビッグデータの特徴
3V＝Value（価値）

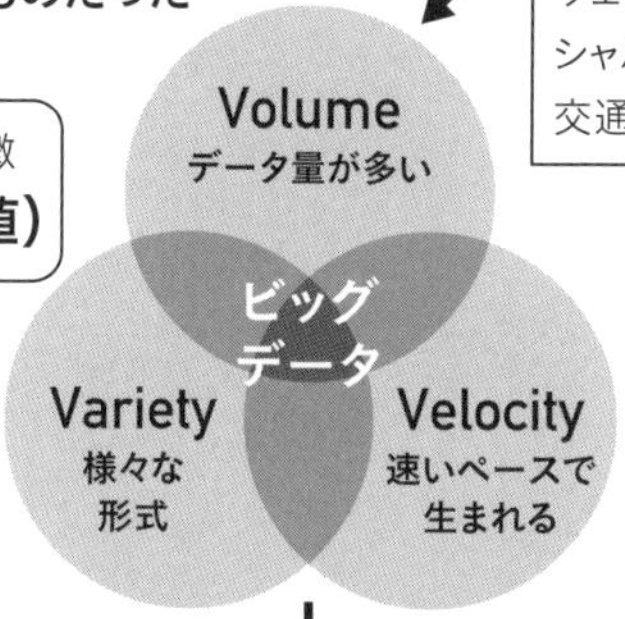

↓

規則性を見出せば、いままでわからなかったことがわかる（見える化）　←　AI、IoTも関係

↓

経験と勘の世界　→　科学的な手法

企業や公共部門のイノベーションにつながり経営・マーケティング、医療・教育などの社会問題の解決に寄与できる

先行例）
- 食品の製造業者が、日配品の豆腐の需要予測に活用
- 温泉街で客の「動線」が初めてわかりマーケティングに活用
- 教育でタブレットを活用し教材をカスタマイズ

なぜ、「おすすめ商品」がわかるのか

あるデータを取って、そこから規則性がわかれば、いままでにできなかったことができる。例えば工場の製造プロセスの全体の最適化や製品のマーケティングにも使える。マッチングの高度化もできる。新たな気づきを誘発するので、経営の意思決定を迅速化できる。利用できる領域は、企業経営、マーケティングに関することだけでなく、医療や教育、公共インフラまでと広範囲にわたるだろう。マーケティングでのオーソドックスな例は、通販サイト・アマゾンの書籍に代表される「おすすめ商品」である。すなわち「この商品を買った人は、こんな商品も買っています」と、顧客の画面に表示されるレコメンデーション(推薦状)である。これは顧客のデータを集積、解析し、似たような嗜好の人が購入したものを薦めている。当初の目的商品以外にも目を向けさせ、購買意欲を刺激したいわけだ。このビッグデータ活用で、アマゾンは劇的に成長したといわれている。

日本のビッグデータ活用は遅れているのが現状だ。世界の企業をみれば、その重要性に高い評価を示している。ところが日本はせいぜい検討している程度。GEが実施した国際調査(2016 GEグローバル・イノベーション・バロメーター)では、ビッグデータの戦略的価値への認識は、世界平均が61%、日本は40%で調査対象国では最低という状況である。

「見える化」のイノベーションの特質

遅れている理由としては、イノベーションへの理解不足だと稲田修一氏（東京大学先端科学技術研究センター特任教授）は指摘する。まず日本企業は先にリターン（売上や利益）を求めてしまう。ビッグデータ活用でどういうリターンが出るのかと聞かれる場合が多いそうだ。しかし、これは実は経営管理の発想。ビッグデータ活用はいままでできないことをやろうというのに、先に予測をして何ができてリターンはどうなのかと考える。しかしイノベーションとは予測できないものである。

もう一つの問題点は、イノベーションを捉えるときに技術思考になっていることだ。これは改良型である。従来型の延長線上で、その技術をどう改良するかという発想。従来の機能をもっと速く、効率よくできないかと考える。ところがビッグデータ活用で出てくるものは、発見型である。**いままで見えなかったものを「見える化」して見せることを可能にする。**それを何に生かすのかがポイントだ。従来は、勘と経験に頼ってきた事象に、データで規則性を見出し、その規則性から新たに価値発見をしてイノベーションを起こそうという発想で、データ駆動型イノベーションだ。いままでになかったデータも収集できて分析できることを知り、課題をもって価値発見に挑戦し、価値を実現する仕組みを考えることが重要である。

CHAPTER 5-02

エシカル消費が静かなトレンド

イギリス発祥の倫理的な行動

消費して社会にも貢献する

若者の間で社会的貢献への関心が高まるなか、製品を選ぶときに「エシカル」というキーワードが浮上してきた。**エシカルとは、英語で「倫理的な、道徳的な」という意味。**環境に配慮したエコ製品のほか、製造過程に係る人の待遇改善に寄与する(フェアトレード)など、幅広い社会貢献に配慮したモノやサービスを受け入れるということで、エシカル消費ともいわれる。1990年代、ブレア政権時代に英国で広まった。

経済学の父、アダム・スミスは『諸国民の富』の前に『道徳感情論』という著書を書いている。スミスは「見えざる手」で有名だが、その前に、道徳(人の共感を得ること)の重要性も唱えた。その意味では原点回帰の思想だ。日本では2009年ごろから女性ファッション誌で取り上げられてブームになり食品などにも広がった。イオンにあるフィッシュバトンなどはその例だ。オリンピックではロンドン五輪から選手村で、海のエコラベルの付いた魚類を提供しており、20年の東京にも引き継がれる予定だ。

〈6割以上が「社会の役に立ちたい」〉

社会のために役に立ちたいと思っている人の割合は増加している

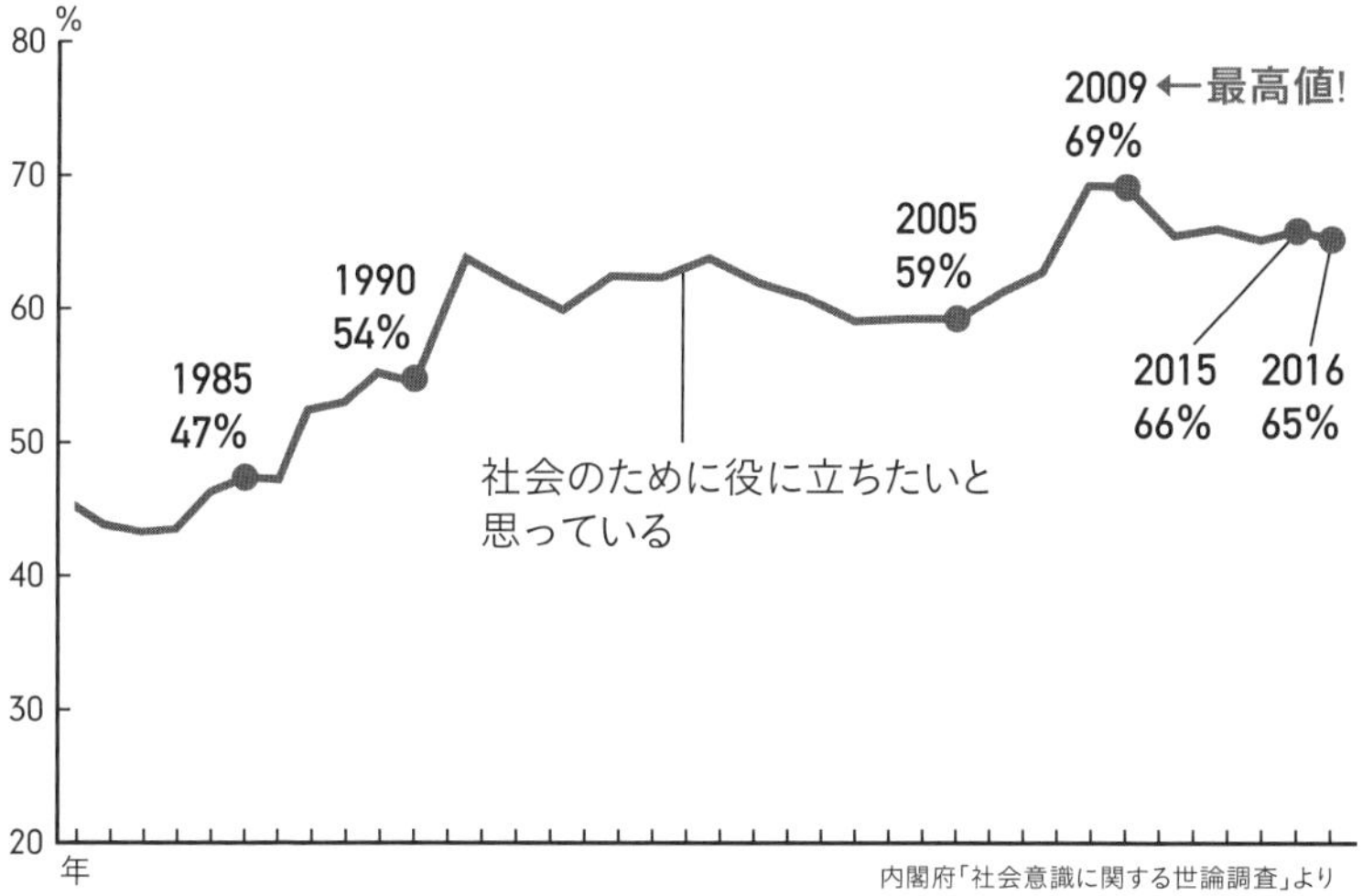

内閣府「社会意識に関する世論調査」より

ロンドン五輪で話題になった

ロンドン、リオ五輪選手村の食事では、海のエコの証であるMSC認証とASC認証の製品が使われた。MSC(海洋管理協議会)とはロンドンに本部をおく国際NPOで、持続可能で環境に配慮した天然漁業による水産物を認証する。水産物にはMSC認証の青いラベルが表示される。その後養殖魚について生まれた認証がASC(水産養殖管理協議会)のASC認証で、こちらはオランダが本部。緑のラベルが表示される。

イオンの水産物コーナー「フィッシュバトン」では、認証の水産物を一堂に集めてコーナー展開をしている。フィッシュバトンとは「地球の持続可能性に配慮した豊かな水産物を、親から子へと次世代へとつなげよう」という意味である。

CHAPTER 5-03

日本のロボットの未来

ペッパーからドローンまで、形はいろいろ

「ロボット」の定義は

単に「ロボット」といった場合、人によりイメージするものは様々だろう。たとえば、「鉄腕アトム」や「鉄人28号」といった昭和の漫画やアニメに描かれた二足歩行の人型ロボットを思い浮かべる人もいれば、無人の工場でプログラムにしたがって切削、加工、溶接、組立などを行う産業用ロボットを連想する人もいる。また、工学系の学生がその技術を競う「ロボコン（ロボットコンテスト）」のイメージも強い。

その技術開発の進展や製品の多様化により、一言でロボットを定義することは難しいが、**人間の代わりに、ある程度の自律性をもって、何らかの作業をする機械あるいは装置**ということができるだろう。

そして、IoT（Internet of Things）の流れやAI（人工知能）の技術開発が加速するいま、世界中の先進企業がロボット開発にしのぎを削っている。ロボットは、私たちの生活にどのような影響を与え、世の中にどのような未来をもたらしていくのだろうか。

〈サービスロボットの出荷実績〉

（国内、2013年）

ロボットの分類	数量（台）	金額（百万円）
農業・林業・水産業	267	3,873
清掃・検査・メンテナンス	180	1,103
建設・鉱業	135	629
物流・搬送	16	268
医療	100	24,355
災害対応・特殊作業・水中システム	34	117
研究・試験	212	417
教育	25,574	220
自立支援、介護・介助支援	322	528
見守り支援、コミュニケーション	217	76
清掃（家庭）	352,533	15,019
その他サービスロボット	555	733
合計	380,145	47,336

（出所）「ロボット産業需給動向 2014年版」（日本ロボット工業会）
（注）四捨五入により、金額合計は一致していない

産業用ロボットとサービスロボット

前述した産業用ロボットは、1980年代から実用化され、その機能や精度を高めながらものづくりの省力化に貢献してきた。その一例が、自動車工場などの生産ラインで、部品の組み付けや溶接などを行うロボットである。ちなみに、国際ロボット連盟の統計(2013年)によると、世界の産業用ロボット利用分野の1位は自動車・自動車部品、2位が電子電気機械、3位が化学・非金属となっている。

ロボット関連市場において、こうした製造業向け産業ロボットがこれまで大きなシェアを占めてきたが、**今後はサービスロボットの需要も拡大していくことが見込まれる。**

サービスロボットといっても、その内容は多岐にわたる。日本ロボット工業会によると、国内のサービスロボット市場の大半を占めるのが、「清掃(家庭)」と「医療」であり、前者は米アイロボットの「ルンバ」に代表される掃除ロボット、後者は米インテュイティヴ・サージカルの手術支援ロボット「ダ・ヴィンチ」である。

これらはいずれも米国で開発されたトップブランドといえるが、そのほかにも、グーグルが自動運転のロボットカーを開発したり、アマゾンがドローンによる配達実験を行ったりしている。

実験段階とはいえ、これら企業の開発力と成長スピードを考えれば、実用化されるのはそれほど先のことではないといえるだろう。

介護ロボットが少子高齢化の救世主に？

サービスロボットの中でも、いま注目されているのが介護ロボットである。

少子高齢化により介護ニーズはますます増大しているが、それにマンパワーが追いつかないのが現状。そこで、介護にロボットの力を活用したいという切実な声がある。

明確な定義はないが、介護ロボットは、①移乗・入浴・排泄などの介護業務を支援する介護支援型、②歩行・リハビリ・食事など介護される側を支援する介護自立型、③癒しや見守りをするコミュニケーション・見守り型の3つに分類できるという。

①を例にとれば、寝たきりのお年寄りの移動や入浴の際、**ロボットスーツやトランスファーロボットの力を借りれば、腕力のあまりない人でも容易に身体を持ち上げることができる。**これが広く普及すれば、腰を痛める介護職員が激減し、身体的な理由による職員の早期退職の防止にもつながることだろう。

また、人型ロボットに目を転じると、最近のヒット商品にソフトバンクが開発した感情認識ロボット「Ｐｅｐｐｅｒ（ペッパー）」がある。家庭向けと法人向けがあるが、法人向けは金融機関の店頭や企業の受付に置かれるケースが多い。

さらに、長崎県のテーマパーク、ハウステンボスでは、受付もポーターもロボットという「変なホテル」を展開。人気は上々だ。新奇さを訴求するだけではなく、ローコスト運営の実験場となっている。

CHAPTER 5-04

体にいい食品の常識

トクホや機能性食品

健康食品市場の規模

２０１５年度の食品動態調査によると、食品製造品出荷額等は約30兆円(14年)。小売で約45兆円規模。こうした中で注目されているのは「健康志向」に対応した食品である。「健康補助食品」「栄養補助食品」「栄養強化食品」「健康飲料」「サプリメント」など様々な名称で販売されている健康食品は成長分野であること、通信販売などにより利益率が高いことで注目されている。

例えばトクホ(特定保健用食品)だけを見ても６３９１億円規模(15年)となっており、前年より約４％成長している(公益財団法人日本健康・栄養食品協会)。また、健康食品市場に関する調査(矢野経済研究所)によると、２０１５年度の**健康食品市場規模は前年度比１０３・５％の７４６０億円**と見込まれている。

健康食品は主に薬事法、輸入・製造について健康増進法、食品衛生法で、製造工程についてはＪＡＳ法、販売・宣伝については景品表示法、特定商取引法で対応している。

〈健康食品は成長中〉

健康食品の市場規模推移（販売チャネル別）

（単位：百万円）

	2013年度	2014年度	2015年度（見込）	2016年度（予想）
健康食品市場規模（合計）	719,600	720,800	746,000	780,400
訪問販売	242,500	235,000	234,000	234,000
通信販売	292,000	299,000	309,100	329,000
薬系チャネル	95,200	96,700	112,000	125,000
食品系チャネル	26,300	26,500	26,900	27,300
健康食品系チャネル	16,500	15,600	14,800	14,800
その他チャネル	47,100	48,000	49,200	50,300

矢野経済研究所推計

注：メーカー出荷金額ベース。2015年度は見込値、2016年度は予測値。本調査における健康食品とは、機能性を訴求した食品であり、かつその形状が錠剤、カプセル、粉末、ミニドリンクタイプ等の商品を対象とする。薬系チャネルとは主にドラッグストア、薬局・薬店に、食品系チャネルとは食料品を扱うコンビニエンスストアや量販店・スーパーマーケットに、健康食品系チャネルとは健康食品専門店に商品を卸すチャネルである。また、その他には配置薬チャネル、エステやフィットネスジム、病院等のサービス関連チャネル等での販売が含まれる。

出典：矢野経済研究所「健康食品市場に関する調査（2016年）」

機能性表示食品の購入意向

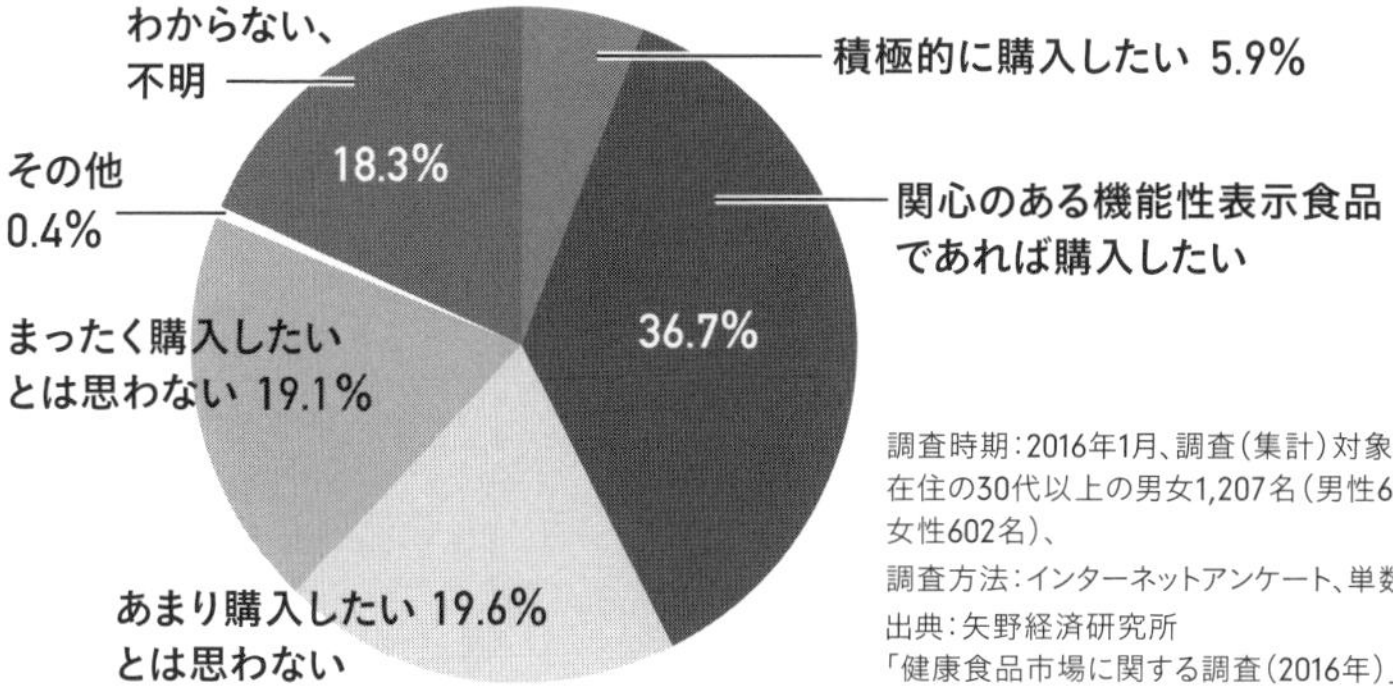

調査時期：2016年1月、調査（集計）対象：国内在住の30代以上の男女1,207名（男性605名、女性602名）、

調査方法：インターネットアンケート、単数回答

出典：矢野経済研究所

「健康食品市場に関する調査（2016年）」

ますます高まる健康志向

日本政策金融公庫農林水産事業が2016年1月に実施した消費者動向調査では、食の志向のトップが「健康志向」（41・7％）だった。過去10回の調査で常に1位で「経済性」を上回っている（年2回調査）。

機能性表示食品については、「関心のある機能性表示食品であれば購入したい」と答えた人が36・7％、「積極的に購入したい」の5・9％を含めればなんと4割以上の人は好意的に受け止めていることになる（前出・矢野経済研究所）。

ちなみに、国によって表示が**制度化されている健康食品にはトクホ（特定保健用食品）、栄養機能食品、特別用途食品がある。**

トクホは生理学的機能などに影響を与える成分を含み、血圧、血中コレステロールへの影響、整腸作用などに役立つ食品。

栄養機能食品は、ビタミン・ミネラルといった栄養成分を補給できる食品。

特別用途食品は、病者用、妊産婦用、授乳婦用、乳児用、えん下困難者用などの特別の用途に適した食品。

健康増進法などに基づいた許可制（消費者庁）であるが、各食品を消費者庁で厳密に審査しているわけではなく、一定の要件が整えば「表示」を許可するものだ。

加えて医薬品とは違う点で健康食品は効果の表現に注意が必要だ。

体にいい食品は伸びる

健康志向でブームになる食品は数え上げるときりがないほどだ。最近話題のものだけでも、老化防止に役立つアーモンド、免疫力を高める乳酸菌入りヨーグルト、中性脂肪を減らすトマトジュース、整腸に役立つココア、必須脂肪酸が含まれているアマニ油、荏胡麻、美肌や整腸に役立つ甘酒、整腸やダイエットに役立つといわれるスーパー大麦などなど。テレビ番組などで取り上げられると、一時的に品切れになることもあるほどだ。

どうせ食べるなら体にいいものを、という考えはすっかり定着しており、加えてサプリメントなども併用する傾向がある。**「日本の健康食品・サプリメント推定市場規模は1兆5785億円**で、対前年444億円(2・9%)の増加」という調査もある(インテージ調べ。『健康食品・サプリメント市場実態把握レポート2015年度版』)。

健康志向のメニューを提供する外食産業も誕生している。2012年に東京・丸の内にタニタ食堂が誕生。話題となったタニタの社員食堂を一般向けに提供したのだ。外食チェーンも健康志向に対応をしている。糖質ゼロの麺類(ガスト)、善玉菌を増やすレジスタントスターチを多く含むパスタ(プロント)、低カロリーのマヨネーズの使用(モスバーガー)、共同開発で体にいい油を開発(天丼てんやと日清オイリオグループ)などだ。

日本の食品の安全性は海外でも知られるようになり、旅行者の多くが日本で健康食品、サプリメントを購入している。つまり日本だけの傾向ではないのだ。

仮想通貨が注目されるワケ

大手金融機関も参入

仮想通貨を通貨として認める

ビットコインに代表される仮想通貨。それは、**決済手段としての側面と投資商品としての側面を持つ。**決済手段としては事実上、為替の影響を受けずに国際的に低コストで可能である。投資商品としては無記名債券に近く、変化する価格によって売買をすることでキャピタルゲインが得られる。しかも、投資信託のような投資家向け商品ではなく、より一般的で少ない金額から購入できる。

金融審議会「決済業務等の高度化に関するワーキング・グループ」などで議論を重ねてきたが、参加した専門家たちの戸惑いともいえる疑問点としては「発行体が存在しない」「担保となるもの(現金や金などの資産)がない」といった声がある。「世界共通の暗号化された通貨」のようでいて、仮想通貨の定義そのものが明確ではない。そして、2016年資金決済法を改正し、2017年より仮想通貨を財産的価値とし、現金との交換をする業者を登録制とした。

〈仮想通貨と法規制〉

主な仮想通貨と市場規模

http://coinmarketcap.com/

仮想通貨	時価総額（ドル）	仮想通貨の供給量
ビットコイン（Bitcoin）	11,723,413,428	16,009,512（BTC）
イーサリアム（Ethereum）	802,392,549	86,352,772（ETH）
リップル（Ripple）	265,507,417	35,876,617,244（XRP）
ライトコイン（Litecoin）	189,634,752	48,620,929（LTC）
モネロ（Monero）	103,090,379	13,425,831（XMR）
イーサリアム・クラシック（Ethereum Classic）	68,031,697	86,273,549（ETC）
ダッシュ（Dash）	62,016,820	6,909,121（DASH）
オーガー（Augur）	45,340,240	11,000,000（REP）
スティーム（Steem）	33,363,262	222,903,219（STEEM）
ネム（NEM）	33,287,670	8,999,999,999（XEM）

リップル（Ripple）、オーガー（Augur）、ネム（NEM）はいわゆる採掘（マイニング）がない。

採掘（マイニング）とは、ビットコインでよく知られているが、取引台帳のデータに追記するなど膨大な計算処理を手伝った者に、新たな仮想通貨を報酬として提供すること。ビットコインはこの採掘のみで新規発行される。2016年11月時点

改正資金決済法による「仮想通貨」とは？

一	物品を購入し、若しくは借り受け、又は役務の提供を受ける場合に、これらの代価の弁済のために不特定の者に対して使用することができ、かつ、不特定の者を相手方として購入及び売却を行うことができる財産的価値（電子機器その他の物に電子的方法により記録されているものに限り、本邦通貨及び外国通貨並びに通貨建資産を除く。次号において同じ。）であって、電子情報処理組織を用いて移転することができるもの
二	不特定の者を相手方として前号に掲げるものと相互に交換を行うことができる財産的価値であって、電子情報処理組織を用いて移転することができるもの

「仮想通貨交換業」とは？

一	仮想通貨の売買又は他の仮想通貨との交換
二	前号に掲げる行為の媒介、取次ぎ又は代理
三	その行う前二号に掲げる行為に関して、利用者の金銭又は仮想通貨の管理をすること

第六十三条の二　仮想通貨交換業は、内閣総理大臣の登録を受けた者でなければ、行ってはならない。

「外国仮想通貨交換業者」とは？

この法律に相当する外国の法令の規定により当該外国において第六十三条の二の登録と同種類の登録（当該登録に類する許可その他の行政処分を含む。）を受けて仮想通貨交換業を行う者をいう。

世界で約1・5兆円規模に

たとえば株式取引なら株券(電子化されているとはいえ、企業が発行した株式)であるとか、証券会社に預けた現金を保護することで利用者を保護できる。しかし、仮想通貨は利用者が取引所で仮想通貨を購入した時点で、現金はなくなり仮想通貨だけとなる。なにをどう保護すればいいのか。そこで仮想通貨の取引所の信頼性をしっかりチェックすることが利用者保護策の柱になる。

代表的な仮想通貨ビットコインだけでも、扱っている企業数は世界で10万社以上、毎日5億ドル規模の取引が発生し、大きく価格が変動することもある。およそ**100もの仮想通貨の時価総額の総計は1兆円を大きく超えている**(coinmarketcap)。

FATF(金融活動作業部会、Financial Action Task Force on Money Laundering)は、第15回先進国首脳会議(1989年、アルシュ・サミット)で設けられた政府間機関であるが、すでに仮想通貨に関してその無記名性、国際性からテロリストなどによるマネーロンダリング(資金洗浄)に使われる可能性を懸念し、各国で取引所への規制を進めることが確認されている。

ビットコインの不可解さは、2014年のマウントゴックス事件が象徴的だ。ハッキングによってビットコインが消失し結果的に払い戻しが不可能になったという。同社は破産手続きを取り、およそ2兆7000億円相当の資産が失われたとされている。

銀行が仮想通貨に期待しているワケ

このような怪しさもあるため、金融庁でも今後の推移を慎重に監視していくとしているが、明るい面としては、仮想通貨の技術を使うことで、これまでになく安い手数料による海外送金が実現しそうなことだ。

コインベース（Coinbase）は、33ヵ国に430万人のユーザーを持つビットコインのいわばブローカー（仲介）として利用者から利用のたびに1％の手数料を得ている。クレジットカード決済手数料と比べても破格に低い手数料だ。利用者はこの安い手数料で仮想通貨を通して決済をしているのである。

2016年7月7日、同社のブログに「Coinbase Partners with BTMU」との記事がアップされた。BTMUつまり三菱東京UFJ銀行と提携し同グループ会社などを含めて出資を受けたのである。日本でも8日に大きく報道された。

仮想通貨の中でもビットコインの人気が高いのは、名前を明かさず決済ができ、手数料が格安だからだ。**銀行としては、海外送金をスピーディーに低料金で実施できれば、サービスの向上につながる。**現在は、電信送金か送金小切手といった古典的ともいえる方法が一般的だ。つまり送金先の銀行に支払い指示を出すのである。

今後仮想通貨の技術であるブロックチェーン技術などを応用することで、金融は大きく変わるかもしれないのだ。

CHAPTER 5-06

フィンテックってなんだ？

ＩＴが金融を変える

一般顧客向けサービスの充実競争へ

フィンテック（FinTech）という言葉が２０１５年の金融業界を駆け巡った。**金融（Finance）と技術（Technology）を組み合わせた造語**だが、そこにはこれまでになかった革新的な金融サービスへの期待が込められている。

金融といってもいまとくに色めきたっているのは銀行、証券、保険である。リテール（一般顧客）向けのサービス力をどのように低コストで強化できるかは、マイナス金利、そして低成長時代にあって金融業界にとっての死活問題といってもよい。

独自にＩＴ開発力を持たない金融機関だが、グループ会社などでＩＴベンチャーの調査や投資は長年続けて来た。たとえば前項にあるように三菱東京ＵＦＪ銀行などが仮想通貨で提携・投資したベンチャー企業は２０１２年の創業である。元ゴールドマン・サックスのトレーダーらで立ち上げた会社だ。金融機関は、差別化が難しい。そこで新技術をいち早く取り入れて、顧客サービスで差をつけたいのである。

〈金融が大きく変わる可能性〉

ブロックチェーンによる送金

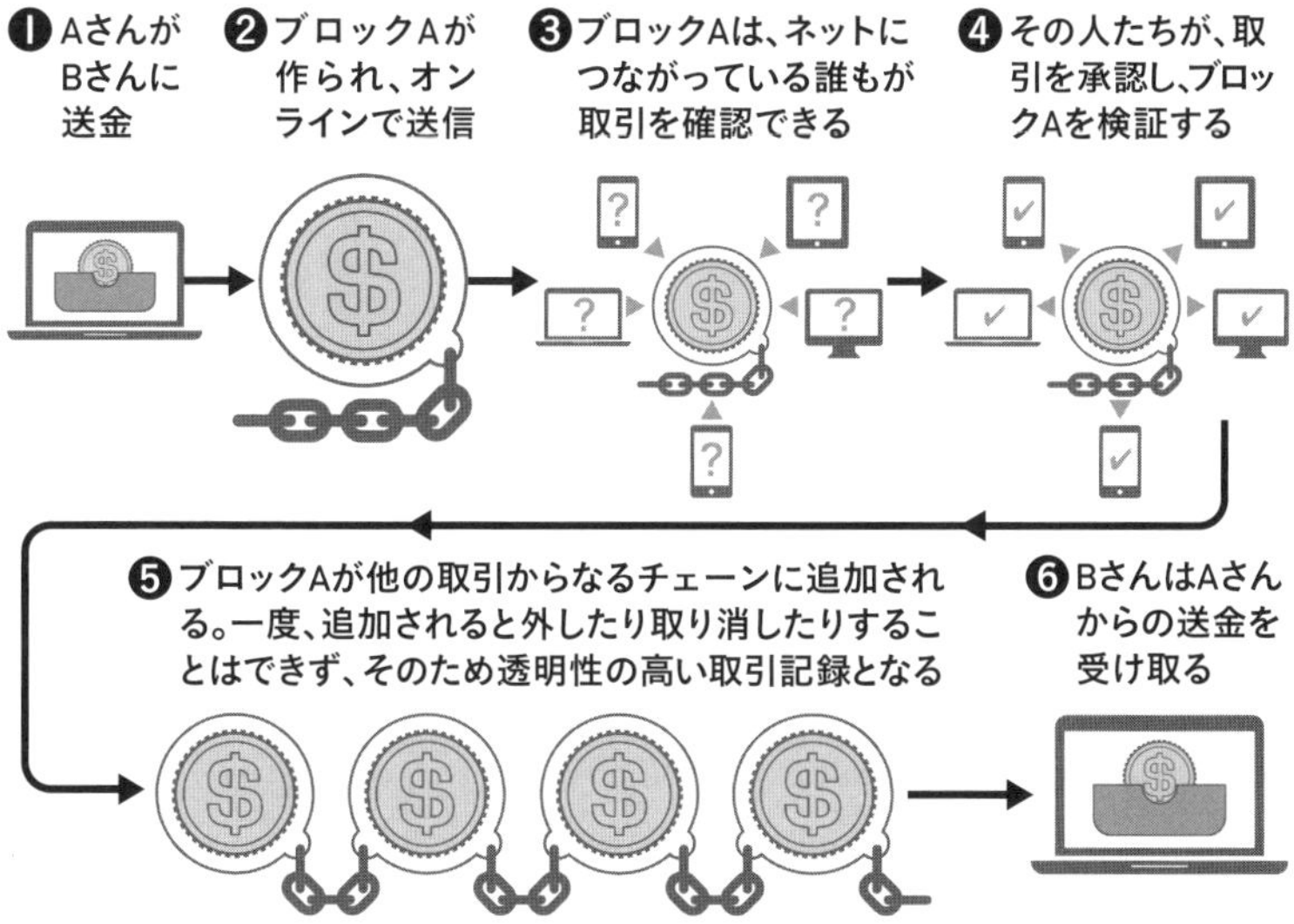
❶Aさんが
Bさんに
送金
❷ブロックAが
作られ、オン
ラインで送信
❸ブロックAは、ネットに
つながっている誰もが
取引を確認できる
❹その人たちが、取
引を承認し、ブロッ
クAを検証する
❺ブロックAが他の取引からなるチェーンに追加される。一度、追加されると外したり取り消したりすることはできず、そのため透明性の高い取引記録となる
❻Bさんは Aさん
からの送金を
受け取る

フィンテックの応用分野は広い

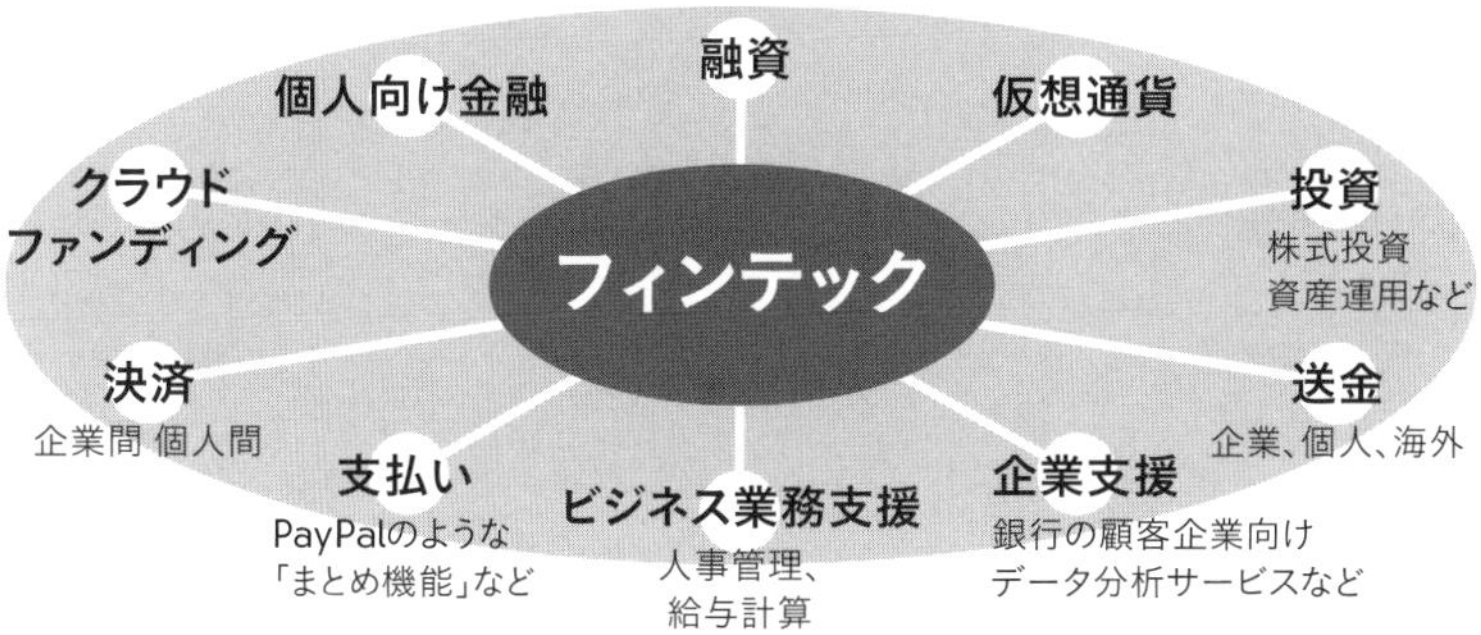
フィンテック
融資
個人向け金融
仮想通貨
クラウド
ファンディング
投資
株式投資
資産運用など
決済
企業間 個人間
送金
企業、個人、海外
支払い
PayPalのような
「まとめ機能」など
ビジネス業務支援
人事管理、
給与計算
企業支援
銀行の顧客企業向け
データ分析サービスなど

注目されるブロックチェーン技術

仮想通貨はブロックチェーンと呼ばれる分散型の一種の台帳である。**ブロックチェーンでは同じ情報を持つ分散型のデータベースで管理する。**たとえばAさんがBさんへ送金するといった情報を複数で持ちなおかつ整合性を保つようにできている。一つの取引ごとにデータを書き込むのではなく、複数の取引を一つのブロックとして書き込む。つまり無関係な取引とワンセットであるため、その中の一つの取引だけを改竄《かいざん》することが困難になる。

このブロックにはほかに改竄を防止するための別データなどを組み合わせるので、さらに記録を改竄することは困難になる。いわばたまたま同じボックス席にいた4人に車内販売でコーヒーを売った記録が伴っているようなものだ。

伝統的な金融業界の取引処理では不可能なことが、ITによって可能になるのである。安全性、低コスト、利便性、即時性などIT技術がもたらすメリットは多い。その技術の組み合わせによって、サービスにも差が出てくる。

たとえば複数のデータベースで整合性を持たせるために、クラウド(クラウドコンピューティング)が不可欠である。クラウドは、インターネットなどでつながった複数のサーバーを使う技術だ。つながっているサーバーが相互にやり取りして処理ができる。コストは安く、管理の手間も少ない。

フィンテックが変える金融

ブロックチェーン技術を使い、カブドットコム証券、MUFGイノベーションラボ、そしてフィンテックのベンチャーであるZEROBILLBANK LTDとによって、東京・大手町エリアで企業コイン「OOIRI」を2016年10月から運用開始した。出退勤管理と連動させて健康的に働くと地域の店舗で利用できるコインがもらえるなどのインセンティブとしての活用がもう始まっているのである。

仕組みは違うが、LINEでの送金が可能(LINE Pay)となった。これは相手の口座番号を知らなくても送金ができるサービスだ。グループで食事をしたとき、この仕組みでその場で割り勘にすることもできてしまう。送金手数料は無料。出金時に200円の手数料がかかる。事前にチャージが必要とはいえ、出金せず、チャージしたいわば電子マネーだけで利用すれば手数料なしで送金やショッピングが可能だ。

電子マネー、Apple Payなど、**クレジットカードやデビットカードではできないことが、スマホと無料のアプリだけでできてしまう。**個人間送金はますます便利で低コストになるだろう。

すでに会計処理のクラウドサービスは知られているが、今後は資産運用もクラウドサービスとなる。専門家によるアドバイスが最小の手数料で受けられるだろう。マネックス証券ではAIによるロボ・アドバイザーを活用した資産運用商品をすでに提供している。

CHAPTER 5-07

VRがこれだけもてはやされる理由は?

新しい体験が消費を変える

ARとVRが世界を席巻している

ポケモンGOの世界的なヒットと社会現象は2016年を象徴する出来事だった。リリース**わずか1ヵ月で5つものギネス記録をつくった。**7月リリース後にまたたく間に1億3000万DL。9月には5億DLを突破。世界100以上の国と地域で人気を得た。現実の場所に架空のキャラクターを出現させる技術はAR(Augmented Reality、拡張現実)と呼ばれる。

同年10月に発売されたソニーのPlayStation VRも注目の商品だった。展示会などでこの数年、ヘッドセットによるVR(Virtual Reality、仮想現実)体験は人気を呼んできたが、いきなり消費者向けに完成度の高い製品として提示したことが衝撃だった。

映像体験、そしてゲーム体験としてこれまでも3D(立体)やVRがブームとなっては消えていった。だが、いまAR、VR技術が一過性のブームに終わると考えている企業はほとんどない。

〈VRとARはMRに統合される?〉

VRとARの違い

VR	仮想現実 Virtual Reality	ウィンドウの中に映し出されたバーチャルな世界を視聴者の動きに合わせて現実のように見せたり、聞かせたり、感じさせたり、反応させること。1965年アイバン・サザランド(Ivan Sutherland) 氏が発表した概念。
AR	拡張現実 Augmented Reality	現実に存在するものや空間などを基礎とし、そこに、そのものや空間への理解を深めるためのコンテクストデータ(contextual data)を伝達する技術を組み込むこと。

経産省「『平成27年度広域関東圏におけるAR・VR 関連事業者の地域参入に向けた実態把握調査』調査報告書 平成28年3月みずほ情報総研」を参考に作成

VRとARの特徴

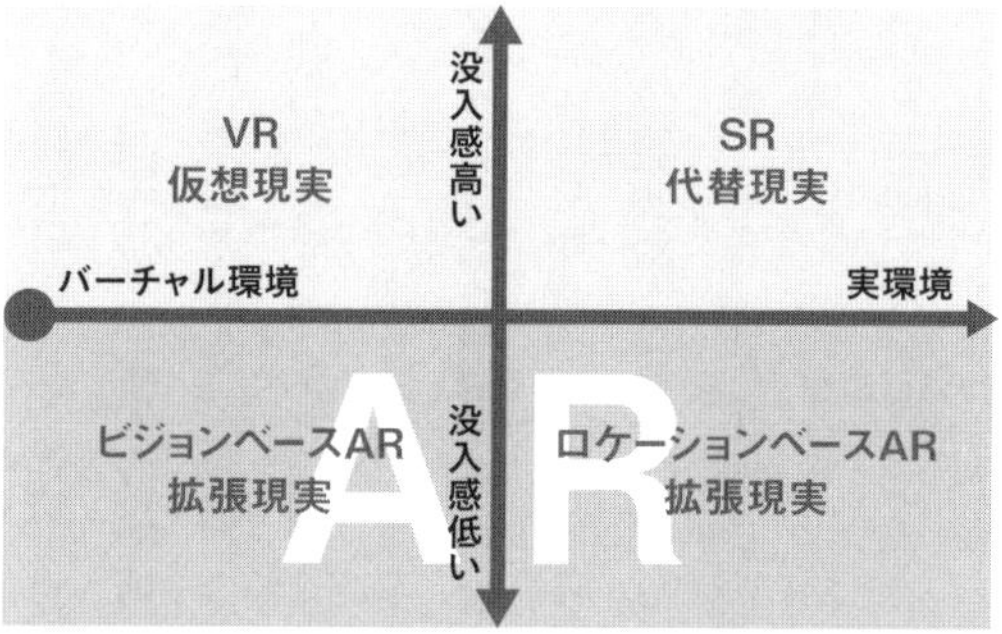

※実環境＝実際にある場所へ行って体験する

※バーチャル環境＝場所に関係なく体験できる

※VRとビジョンベースARは、実環境での体験も可能

※没入感とは、仮想現実などで、周囲(他)を気にせずにコンテンツを体験できる度合い。

一般財団法人デジタルコンテンツ協会「平成26年度新産業集積創出基盤構築支援事業(デジタル化・ネットワーク化社会に対応した先進的コンテンツ創出促進事業)報告書」よりレイ・フロンティア株式会社取締役CCO澤田典宏氏作成の図を参考に作成

その他の技術

MR	複合(混合)現実 MixedReality	現実空間と仮想空間がリアルタイムで混合して創り出す空間や映像。VRがすべて架空の映像(CG)で創り出すのに比べて、手の触れることのできる実際の物体などに、仮想空間を加えていく。なお、マイクロソフトはVRとARをまとめてMRと呼んでいる。また、米国のVR投資をしているThe Venture Reality Fundでは、いずれARとVRは統合されてMRとなるとみている。
SR	代替現実 Substitutional Reality	本人に気付かれずに現実の空間をあらかじめ用意した過去の情報にさしかえることができる。過去の映像や情報がリアルに交錯するため、その違いがわからないほど。理化学研究所脳科学総合研究センター適応知性研究チームの研究が有名。

幅広い分野で応用される

ＡＲ、ＶＲは似て非なる技術だが、どちらも**ゲーム以外の応用範囲が広く、観光、地域振興、ものづくり、教育、防災などなど、幅広く社会に浸透していく**と考えられている。

一つの要素は高解像にある。人の眼に快適で違和感の少ない映像を再現するためには、ディスプレイの解像度の高さが不可欠だ。高解像度にすると、それだけ演算能力も必要になる。たとえばＶＲのゲームで３６０度の立体映像を再現したとして、どれほど美しい映像だとしても、私たちが右を見たり、上を見たりしたときにそれに対応した映像が瞬時に再現されなければ不自然になる。

高解像度で同時に反応も素早くするとなると、さらに高い処理能力が求められる。しかも目に装着するヘッドマウントディスプレイの場合、フィット感、装着のしやすさ、軽さなども求められる。

その一方で年々、性能が向上しているスマートフォンの存在もある。これまでもＡＲ技術はいろいろな場面で応用されていたが、ポケモンＧＯでいきなりの大ヒットとなった理由としては、誰もが手軽にスマホのアプリですぐに楽しめたことにある。

たとえば災害時の避難マップなどをこの方法で提供しながら、随時最新情報を入れていくことで、孤立を防いだり、間違った避難経路の選択を防ぐことができるかもしれない。

観光地ではお得な情報、イベントの案内などを提供することも考えられる。

継続的な運営力とコンテンツ開発

すでにAR、VRへの開発投資は活発化している。この分野やゲーム業界に詳しい投資銀行のDigi-Capitalでは、現在の市場規模を50億ドル（約5500億円）とみているが、2020年には30倍の規模（1500億ドル）になると考えている。またThe Venture Reality Fundは最小で140億ドル、最大で400億ドル規模とみている。

この分野が大きな注目を浴びているのは、**ハードウェア開発とソフトウェア開発の両面で大きな投資と需要が見込める**からだ。

将来、私たちは家に居ながらにして海外旅行の疑似体験または下見ができるだろうし、ネットショッピングも店頭で商品を手にとっているかのような感覚で選ぶことができるようになる可能性がある。

ただし、すでに問題となっているのは、コンテンツとしてのソフトの開発力不足であり、たとえば自治体などが地域PRのために試験的に導入したとして、それをどのように継続的に運営していくのか、教育に応用した場合のアップデートなど、開発面、費用面ではまだまだ未知の部分が多い。

加えて利用者の対応能力もネックになる。ポケモンGO以前は、40代以上の人々がスマホのアプリに加えてくれない、という問題が大きく立ちはだかっていた。一般消費者にわかりやすい実例が登場していくことで、徐々に普及していくと考えられる。

CHAPTER 5-08

IoTが秘める未来市場

すべての物をネットでつなぐ

物がつながれば世の中が変わる

たとえば、私たちは冷蔵庫の扉を開けて中にある食品を取り出す。もし冷蔵庫がインターネットにつながっていれば、冷蔵庫の持ち主のスマホに「そろそろ足りないものがありますよ」とリストアップしてくれる。または消費期限の迫った食材で作ることのできるレシピを提供してくれる。ネットスーパーへの自動発注も可能だろう。

この情報をビッグデータとして集計(プライバシー情報はこの段階で失われている)すると、その地域の消費動向やスーパーの品揃え、コンビニの品揃えなどにまで応用できる。さらに世代別、家族構成別の消費動向は商品開発にも生かされるだろう。

IoT(アイオーティー、Internet of Things)は物をインターネットに接続することだ。そして物はIoTデバイスとなる。その数は2020年頃には500億個にもなるといわれている。その技術革新は、半導体や通信装置の超小型化にある。同時により高速で安定し、なおかつ省電力低コストの無線情報通信の開発もある。

〈あらゆる物がネット化される〉

IoT推進のための組織

IoT推進コンソーシアム＝2015年10月設立 【会長】村井 純 慶應義塾大学 環境情報学部長兼教授 【副会長】 鵜浦 博夫 日本電信電話株式会社 代表取締役社長 中西 宏明 株式会社日立製作所 取締役会長 代表執行役	産学官が参画・連携し、IoT推進に関する技術の開発・実証や新たなビジネスモデルの創出を推進するための体制を構築することを目的とし、①IoTに関する技術の開発・実証及び標準化等の推進、②IoTに関する各種プロジェクトの創出及び当該プロジェクトの実施に必要となる規制改革等の提言等を推進
IoT推進ラボ 経産省、一般財団法人日本情報経済社会推進協会電子情報利活用研究部 IoT推進ラボ担当	IoT推進コンソーシアムの下で、先進的IoTプロジェクトの発掘・育成に向けて、企業連携・資金・規制改革支援を実施
IoT支援委員会 【座長】冨山 和彦 株式会社経営共創基盤 代表取締役CEO	IoT推進ラボ内の委員会。IoT・BD・AI等に関する各種プロジェクトに対する助言や、当該プロジェクトの実施に必要となる規制改革等の提言のとりまとめ等を行う
スマート IoT 推進フォーラム 【座長】徳田 英幸 慶應義塾大学環境情報学部教授兼大学院政策・メディア研究科委員長	IoT推進コンソーシアムの下で、IoT関係の技術開発・実証を推進する技術開発ワーキング・グループ

IoTの分野

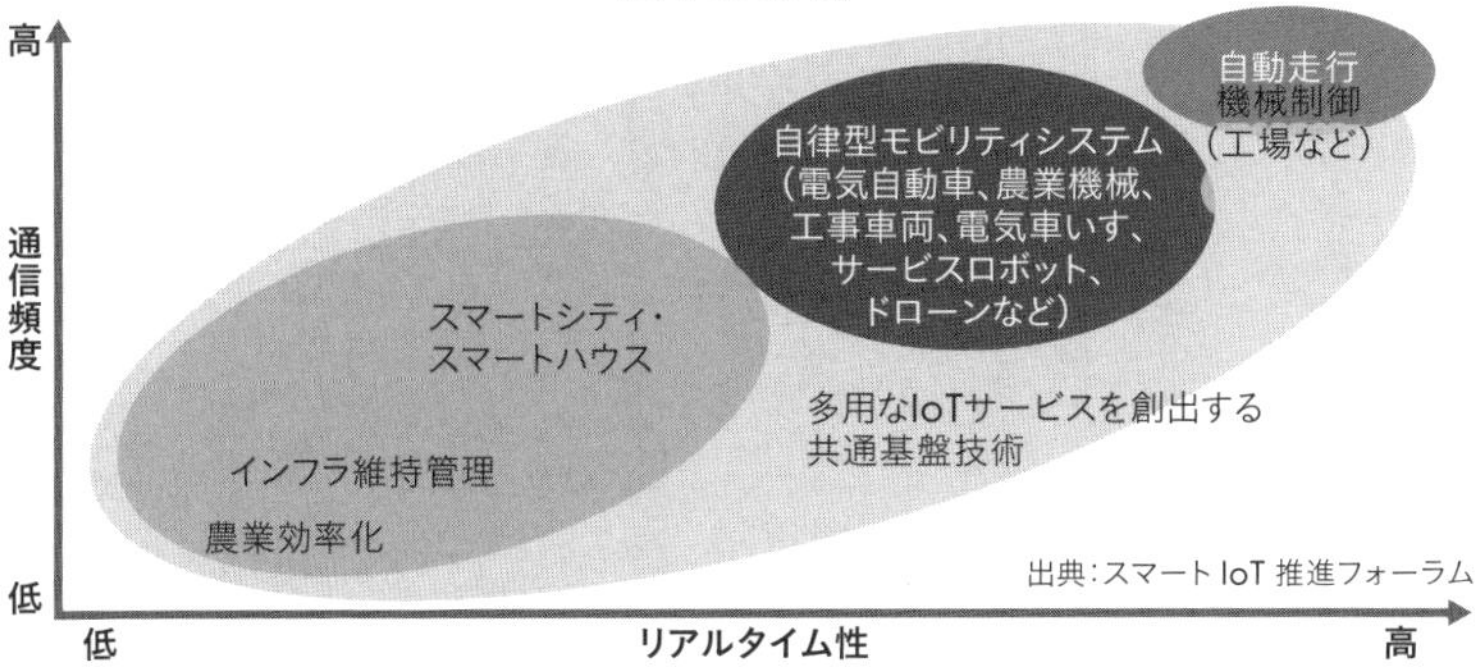

出典：スマート IoT 推進フォーラム

第４次産業革命の基盤として

日本政府が推進する第４次産業革命、ドイツ政府が推進するインダストリー４・０ともにＩｏＴによる変革を目指している。**物がネットに入ることで、サイバーフィジカルシステム（Cyber Physical System）を実現する**ものだ。人間の行動と情報システムを融合させていくことでムダのない高効率な社会を実現しようというわけだ。

「日本再興戦略　２０１６」はアベノミクス第２ステージとして名目ＧＤＰ６００兆円を目指している。そこに「今後の生産性革命を主導する最大の鍵は、ＩｏＴ、ビッグデータ、人工知能、ロボット・センサーの技術的ブレークスルーを活用する『第４次産業革命』である」と記されている。

また、日本をＩｏＴビジネスのハブとする構想も描かれている。慶應義塾大学の村井純環境情報学部長兼教授らによる産学共同によるＩｏＴ推進コンソーシアムを２０１５年に設立し、その下にＩｏＴ推進ラボを置いた。そこには経営コンサルタントの冨山和彦経営共創基盤代表取締役ＣＥＯを座長とする支援委員会を置き、民間からプロジェクトを募り選定して支援をしていく。官民合同の資金支援に加えて、事業化そして社会実装化に向けて後押ししているのである。

対象となるのはＩｏＴ、ビッグデータ、人工知能を活用して事業化に取り組むプロジェクトであり、そのためのソフトウェア開発、ハード試作、研究開発・実証等を含む。

情報から価値を創出する

冒頭の例はわかりやすいが、ＩｏＴを小さくみせてしまっているかもしれない。官民一体となって推進する必要性があるのは、**21世紀は情報から価値を創出する時代**だからだ。資源から製品をつくる製造業の革命、つまり産業革命が起きたように、情報から価値を創出して経済成長を促す産業革命が始まっているのである。

資源としての情報を、どこからどのように収集するかは、すでにさまざまなところで実際にスタートしている。ＩｏＴプラットフォームを提供しているソラコム（玉川憲社長）ではモノ用の通信サービスを２０１５年にスタートし、３０００以上の企業で活用されている。交通系では路線バスの運行情報提供に活用したり、大型店舗では客層分析に、また高齢者見守りや介護にも活用されている。

夢の多いＩｏＴであるが、いくつか重要な問題点もある。たとえばモノをネットに接続するとき、有線では移動体などには使えない。無線ではセキュリティ対策が課題になる。また、ＩｏＴデバイスにも寿命がある。機械的な寿命は延ばせるが、技術革新によって短期間に世代交代するＩＴ分野では、アップデートのしやすさも課題となる。

ハッカーによって、セキュリティ上の問題点を発見されてしまったときに、どうするか。アップデートがされないまま危険なデバイスが野放しになる可能性や、データ量が爆発的に増大する点を危惧する声もある。

CHAPTER 5-09

注文から1時間で配達？

万年人手不足の中での物流革命

注文から1時間で配達する

アマゾンジャパンが会員向けの「Prime Now」を開始したのは2015年。対象商品を購入すると最短1時間以内の配送が可能になるサービスだ。しかも受付は6時から23時59分。一部地域では6時から25時の間となる。2時間便なら24時間受付である。

残業して帰宅したら明日必要なものがないことに気づき、慌てて注文して深夜に届く、ということが現実になった。当初エリアを限定していたが、その後東京23区全域に拡大。神奈川県、千葉県、大阪府、兵庫県などの一部エリアでも利用可能だ。1時間便は送料が別途必要。2時間便は一定金額以上の購入で無料となる(とはいえ会員限定であるが)。

専用のアプリからの注文となり、対象商品は日用品、食品などに絞り込まれているとはいえ6万5000点以上もあり、物流センターから直接の宅配ということになる。

この仕組みを支えているのは物流システムというよりも、**物流主導のIT化と配送要員の確保**に尽きる。

〈物流を知るための用語〉

物流のポイント

物流ABC Activity Based Costing	物流コストをどう把握するか？　その1つの答え。配送費や人件費などを足していくのではなく、コストを発生させる活動ごとに発生原価を把握する。これにより製品別、作業別のコストが明らかになる。たとえばフォークリフトでの倉庫作業が、人件費や機械費を含めて月間80万円だったとして、月に10万ケースを処理していれば、1ケースあたり8円のコストと考える。物流センターの見直し、責任部署の明確化、顧客の送料負担、さらには工場立地などを検討するときなどに役立つ。
SCM supply chain management	川上（サプライヤーなど。インバウンド）と川下（顧客など。アウトバウンド）に関わるすべての物流システムのこと。自社だけでなく関連する他社、競合する他社も含めて捉える。需要予測、見込み生産、適正在庫などトータルで改善する。「かんばん方式」もその一例。
3PL third-party logistics	サード・パーティー・ロジスティクス。最も効率的な物流戦略の企画立案、物流システムの構築の提案をし、包括的に受託し、実行すること。荷主でもなく運送事業者でもなく、第三者として物流部門を代行し、より高度な物流サービスを提供する。
4PL fourth-party logistics	3PLをさらに進めた形。3PL事業者をもまとめるような立場のLLP（Lead Logistics Provider）と、外部の専門家（コンサルタント、学者など）によって、SCM全体を提供する。3PLは1荷主の物流改善だが、4PLは複数荷主、業界、地域などのSCM改善を提供する。
グリーン物流	物流分野における地球温暖化対策の推進のこと。2005年に京都議定書が発効以降、CO_2を含む温室効果ガス排出量削減のために、官民で取り組んでいる。グリーン物流パートナーシップ会議、モーダルシフト等推進官民協議会が推進役となっている。

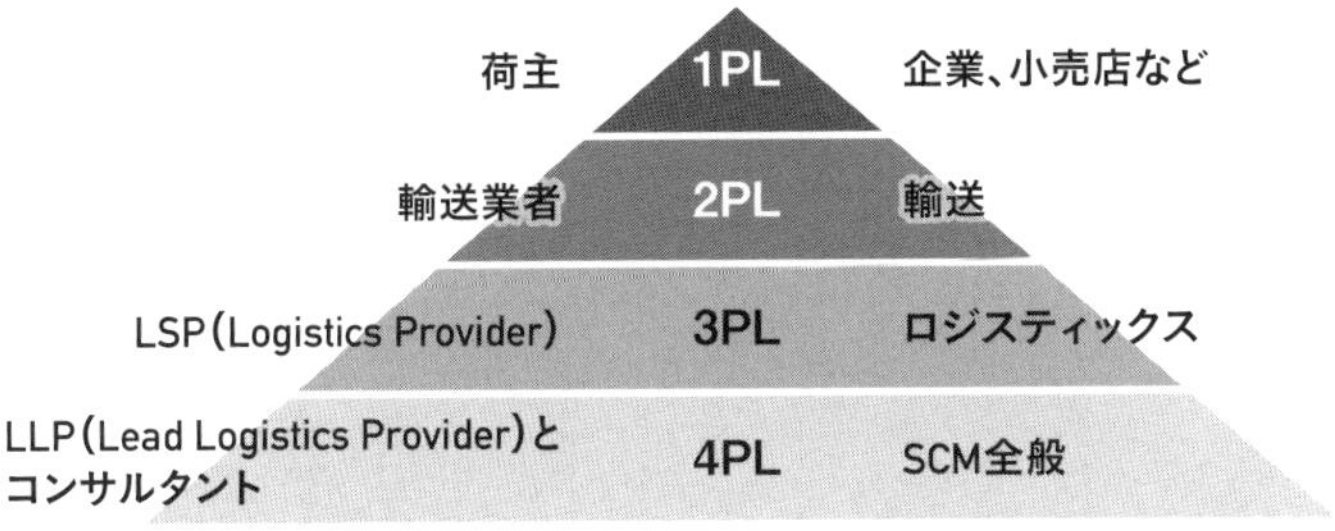

仕入れから変革する

ヨドバシカメラは駅前の一等地に店舗を展開していることで知られるが、一等地という点から、早い時期に店舗在庫を最小にし、物流センターを強化してきた。そのため、ネット通販についても物流センターからの配送が可能なため、最短で当日配送もできる。

このように、仕入れ、在庫、受発注、配送までをITでつなぎ、トータルに管理することでこれまでにないサービスが提供できる。

たとえばダウンロードすれば手に入るもの(電子書籍、音楽、映画など)に比べると、品物についてはどれだけITが発達しても、リードタイムを短縮するのには限界があるのではないかと長く考えられてきた。

それをカバーするためのシステムである。とくに仕入れを予測する精度。ビッグデータ解析などの技術を活用した予測発注がいまでは常識となっている。これはコンビニ業界が長年磨いてきた技術でもある。

売れてから仕入れたのでは遅い。だからといって、過剰な在庫は経営を圧迫するだけではなく、廃棄物を増やすことにもなる。賞味期限のある商品をどの段階でいくつ発注するべきか。天気や季節変動にも対応した予測技術に加えて、現場の人間の対応力(ニュース、話題性など)で適正在庫をキープするのだ。

とはいえ物流を支えているのは人である。人手不足はこの業界でも深刻なままだ。

人手不足とラストワンマイル問題

「下車勤」（げしゃきん）という言葉が一般にも知られるようになったのは、駐車違反に身代わりを立てていた事件が発端だ。違反が溜まれば運転はできない。ドライバーの手当は減り、仲間に迷惑がかかる。避けるために違反を別の人がしたことにしてもらい謝礼を払っていた。人手不足だけが原因ではないにせよ、ドライバーが1人減っても現場への負担は大きい現状が浮き彫りになっている。

人手不足の解消になるかは未知数だが、千葉市ではドローンによる宅配サービスの実験を提唱。国家戦略特区に指定され、2019年の実用化を目指している。

東京メトロとヤマト運輸による地下鉄を使っての宅配便輸送の実証実験（2016年）は、CO2削減、トラックドライバー不足への対応、さらに都市部でのモーダルシフト（トラック輸送から鉄道貨物輸送へのシフト）を実験するものだ。

国土交通省によるダブル連結トラックの実証実験では、フルトレーラ連結車、ダブルス連結車（セミトレーラとフルトレーラ）での幹線輸送（拠点間）を運行することで、交通への影響、ドライバー不足を補う効果などを検証している。単純に、1台で2台分の積載量となる。

小口輸送については「ラストワンマイル」の問題が注目されている。営業店から受取人までの輸送部分のことを意味するのだが、**不在の多さ、再配送の手間、さらに駐車禁止への対応などが負担**を重くしている。

CHAPTER 5-10

サブスクリプションが消費を変える

コンテンツ産業はどう収益を得るのか？

見放題、読み放題、聴き放題

２０１５年以降、アマゾンが３つのサブスクリプションを開始して話題になった。動画配信（プライムビデオ）、電子書籍の読み放題（Kindle Unlimited）、音楽（Prime Music）である。それぞれの分野で専門的なサブスクリプション型の配信をしている会社はこれまでもあったが、１つの会社で３つのサービスを提供しているところは珍しい。

しかも、動画と音楽は、プライム会員であれば会員期間内なら追加費用なしで楽しめる。

サブスクリプション・サービスとは、定額制である。月額、年額などの一定の費用だけで、対象のコンテンツをその期間内好きなだけ楽しめる。

ファミレスのドリンクバーやホテルのバイキングなどにも似たもので、ユーザーとしてはいちいち購入をしなくても、つぎつぎと楽しむことができる。決済の煩わしさだけではなく、コンテンツが気に入らなければすぐにやめられるし、好きなコンテンツを探す楽しみがある。購入するとなると迷うコンテンツも、定額なら気軽に試すことができる。

〈需要を掘り起こせるか?〉

国内で利用できる主な定額サービス

順不同

音楽	Apple Music、AWA、Google Play Music、KKBOX、LINE MUSIC、ナクソス・ミュージック・ライブラリー、Prime Music、Rakuten Music、レコチョク Best、Spotify
アプリケーション	Adobe Creative Cloud、ソースネクスト(超ホーダイ)、マイクロソフト(Office 365)、パソコンソフト使い放題 powered by OPTiM、Office 365 Solo
クラウド会計	A-SaaS、円簿会計、ClearWorks、Crew、フリビス、freee、HANJO会計、MFクラウド会計、ネットde会計、RUCARO、Weplat、やよいオンライン@
動画	Amazonプライム・ビデオ、dTV、フジテレビオンデマンド、Hulu、Netflix、楽天SHOWTIME、TSUTAYA TV、U-NEXT
電子書籍	ブック放題、ブックパス、コミックシーモア読み放題、dマガジン、Kindle Unlimited、楽天マガジン、タブホ、ビューン、Yahoo!ブックストア

販売のビジネスモデル

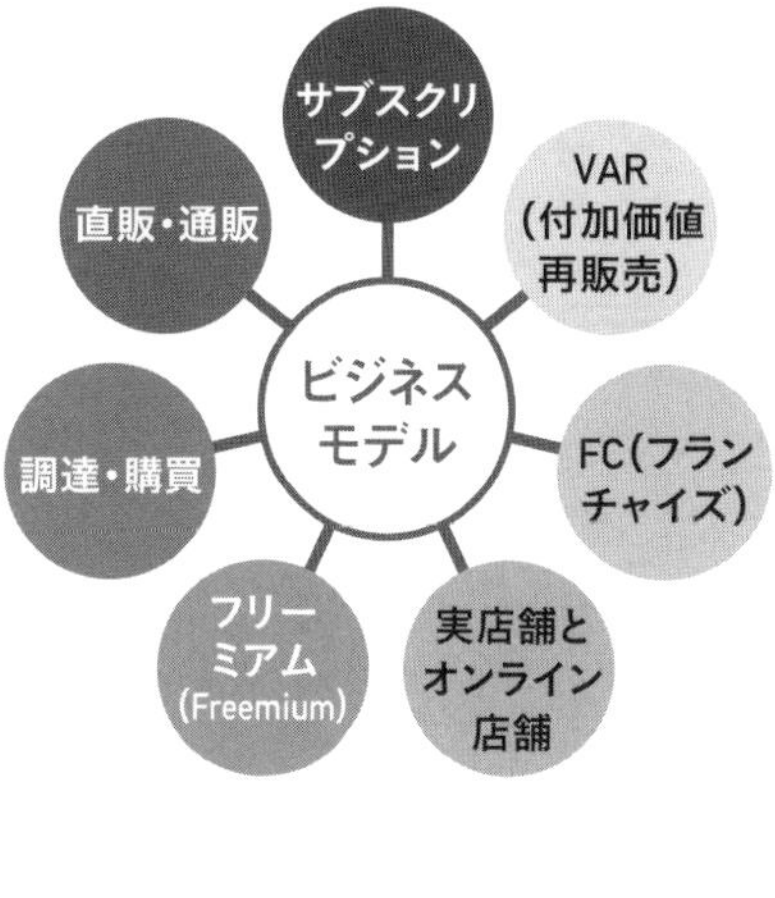

多様なニーズに対応するために、複数の販売方法を組み合わせていくことで、需要を掘り起こす。

フリーミアムは、基本は無料で提供し、オプションなど高度な機能などを有料で提供するもの。サブスクリプションは、定額制だが、多くのサービスが無料(お試し)期間を設けていたり、フリーミアムに近い提供方法(無料で得られる部分と有料部分がある、など)を組み合わせ、さらにオンライン店舗や通販と組み合わせるなどしている。パッケージとして単体での販売をしながら、サブスクリプションによってたとえばバージョンアップのたびに買い換える必要がない、といった選択も可能となっている場合などだ。

無料から有料へ　多様なマネタイズ

ネット社会の高度化によって、様々なサービスが無料で配布されるようになった。たとえばスマホに入れているアプリの大半が無料で入手できるはずだ。

Ｗｅｂビジネスや、オンラインで入手できるアプリやコンテンツなどの多くが、無料で配布されるところから始まっている。同時に、いかに収益を得るかが重要になった。

これまでの考え方でいけば、読み物なら購読料を取り、ソフトウェアなら購入してもらう。つまりいきなり販売しなければならない。このため新しいサービスをはじめるときには、認知度を高めていく間、なかなか売れない状態が続いてしまう。ＰＲや営業の費用も大きくなる。

そこで**無料提供し利用者を先に獲得する方法が取られるようになった。**フェイスブック、Googleなどのサービスも無料で利用者を獲得していき、その利用者の数をいわば担保として資金を調達して開発に充てた。マイクロソフトやアップルが製品の販売からスタートしたのとは大きく違ってきている。

利用者が増えるほどバグ修正も早くなり、完成度が高まるだけではなく、新たな要望に応えていくうちに後発では追いつけないほどの技術的なアドバンテージを得られる可能性がある。パッケージで購入する時代からダウンロードで購入できる時代になり、いまではクラウド技術を使い、サブスクリプションで提供することが可能になった。

取れるところから細かく取る

また、基本部分は無料のまま提供し、広告収入でまかなう形態も定着した。広告を止めたい、別の機能を追加したいときに課金するスタイルである。

どこでどうマネタイズするかは大きなテーマとなっているが、それは提供するコンテンツの特徴や、利用者の規模にもよるだろう。

たとえばNTTドコモが提供する雑誌読み放題「dマガジン」は2014年に開始して2年ほどで300万契約を突破（2016年3月）、参加している雑誌の多くは、店頭での販売で苦戦している一方で、この収益に期待している声も多い。

Kindle Unlimitedは、開始早々に目玉的な扱いだった書籍の多くが、対象から外れるという事態も話題を呼んだ。無料のお試し期間（30日）に予想以上の読者を得たことで、出版社に支払うフィーが予算オーバーしてしまったことが一因という。

いいコンテンツを提供できなければ、優れた手法でも利益を得られない可能性がある。優れたコンテンツなのに、**マネタイズがうまくいかなければ思ったほどの利益が得られない**こともあり得る。

ソフトウェア、アプリ、電子書籍、デジタル音楽、動画（映画、アニメなど）のいずれも、コンテンツがデジタル化されているからこそ、こうした幅広い販売方法や収益を生み出す仕組みを試すことが可能になった。

CHAPTER 5-11

iPS細胞と再生医療

世界的な大競争で日本は？

再生医療のトップランナー

２００７年、山中伸弥京都大学教授（当時）によるヒト人工多能性幹細胞（iPS細胞）の樹立が、日本での本格的な再生医療への道を切り開いた。２０１２年、ノーベル生理学・医学賞をジョン・ガードン氏と共同受賞し、現在、山中氏は京都大学iPS細胞研究所の所長として再生医療の第一人者となっている。また、京都大学ウイルス・再生医科学研究所の河本宏教授らのグループが、iPS細胞を使って、がん細胞を攻撃する能力の高い免疫細胞、「キラーT細胞」を作製することに成功するなど研究は加速している。

２０１４年には薬事法が改正され、法律名までも「医薬品、医療機器等の品質、有効性及び安全性の確保等に関する法律」となったのだが、再生医療のネックとなっていた安全性配慮と実治験などを短縮するための条文が追加されている。「再生医療等の安全性の確保等に関する法律」を新たに制定。さらに２０１５年には日本医療研究開発機構（AMED）を設置しオールジャパンでの取り組みを強化している。

〈国際競争に勝つために〉

再生医療の実現化ハイウェイ構想

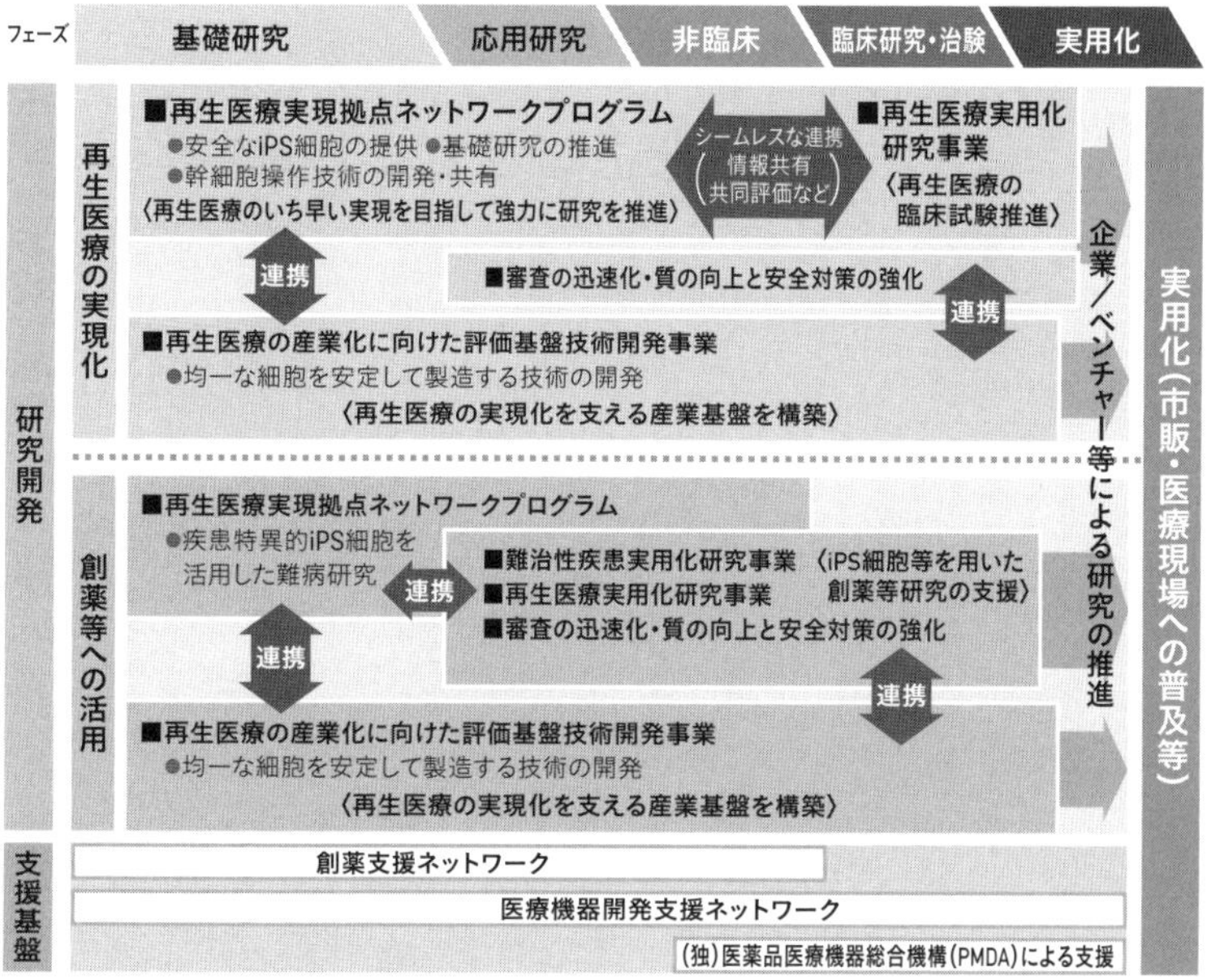

AMEDは、医療分野の研究開発及びその環境の整備の実施や助成等で支援する機関として2015年に内閣府が設立。再生医療だけではなく、がん、難病、感染症などそれぞれに文部科学省、厚生労働省、経済産業省などが取り組んでいたものを一元化した。理事長は、末松誠（慶應義塾大学ヒト代謝システム生物学研究センター所長）。

これによって、医療分野の研究開発における基礎から実用化までの一貫した研究開発の推進・成果の円滑な実用化及び医療分野の研究開発のための環境の整備を総合的かつ効果的に行う方針だ。

これまで不可能だった治療が可能に

再生医療への期待は、これまで治療が困難だった疾患にも希望が持てることだ。脊椎損傷やパーキンソン病など、いわゆる難病にはいまだに効果的な治療法は確立されていないのである。

京都大学iPS細胞研究所では、糖尿病、パーキンソン病、心筋梗塞、網膜疾患などの治療を目指しているし、再生医療のトップランナーとして知られる東京大学医科学研究所、幹細胞治療研究センターの中内啓光教授らによる「ヒトiPS細胞等を用いた次世代遺伝子・細胞治療法の開発」や、慶應義塾大学医学部生理学教室の岡野栄之教授による「再生医療実現化を目指したヒトiPS細胞・ES細胞・体性幹細胞研究拠点」なども知られている。

理化学研究所ではSTAP論文による問題の渦中で、第一人者とされていた笹井芳樹氏を失ったことは大きな損失だったが、同研究所には多細胞システム形成研究センターがあり現在も再生医療に取り組んでいる。

再生医療には倫理の問題もつきまとう。それは胎児期にしか形成されない人体の組織を回復させるものだからだ。医薬品などによって既存の体のまま回復させる治療や、他の人体組織を移植する治療とは根本的に異なる。

手法としても、**iPS細胞だけではなく、いわゆるクローン、臓器培養、自己組織誘導、遺伝子操作などがある。**

2030年、日本で1兆円市場に

中でもiPS細胞は、とくに患者自身の細胞から作製できるため、そこからつくられた器官を移植しても拒絶反応が起こらないと考えられる。またクローンや遺伝子操作に関して世界的に議論を呼んだ倫理的な問題をクリアできる可能性が高い。

経産省によれば、再生医療の市場規模予測として、**国内だけをみても2020年に950億円規模、2030年には1兆円規模になる**と考えられている。これを世界でみると2020年に1兆円、2030年には12兆円規模と推定されているのである。

すでに治療法が確立した医療分野では、ジェネリック医薬品、または市販の薬品など低廉な治療へシフトしていくこともあり、医薬品業界でも再生医療は大きな期待を持っている。

当然、海外での実用化へ向けての研究も急加速している。現代の医療技術では、なかなか独占するのが難しい。

これまでに実用化されている再生医療製品のほとんどは米国であり、「全体の77%の市場を占めている」(再生医療の実用化・産業化に関する報告書~経産省~より)。今後は、人口の多い新興国(中国・インドなど)で急速に拡大していく可能性も指摘されている。

つまり、日本は基礎的な研究に力を入れるのは当然だが、同時にそこから得られる成果(実用化)でもリードし、さらに安全性を踏まえた再生医療のスタンダードを構築していくことが、現在の目標となっている。

CHAPTER 5-12

エネルギー革命

原発・電力自由化・新エネルギー

原発の行方と省エネ

日本のエネルギー政策を考えるとき、いまもっとも大きなテーマは原発だろう。これは日本だけではなく世界でも大きなテーマとなっている。

東日本大震災に伴う東京電力福島第一原子力発電所の事故を受けて、いったんは国内の原子炉をすべて停止し、新規制基準適合性審査を実施したのち適合した原発から再稼働を認めている現状である。とはいえ再稼働への道は簡単ではない。すでに、日本には廃炉の決まった原発を含めて59基ある。今後も、審査に通らなければ廃炉になる可能性もある。現時点ですでに廃炉が決まっているのは6基だが、福島をはじめ19の原発が審査も未定である。これだけの規模の原発が廃炉になるとしたら、その費用と時間は膨大なものとなる。また廃棄物を処理する施設の問題もある。

一方、電力自由化も進められ**2016年からはIPP（インディペンデント・パワー・プロデューサー）からの一般家庭への供給が可能になった。**

〈これからの主なエネルギー政策〉

徹底した省エネルギーの推進	
産業部門における省エネの推進	産業トップランナー制度の対象について、全産業のエネルギー消費量の7割のカバーを目指す（2018年度）
	共同省エネルギー事業の評価方法を見直し、大企業から中小企業への省エネ技術の供与や事業連携を積極的に促進 原単位の改善に即した省エネや、業界やサプライチェーン単位で複数事業者が協調して行う省エネ等を後押しするよう、支援制度や省エネ法に基づく制度を見直す（2016年度）
民生部門における省エネの推進	2030年の新築住宅及び新築建築物について平均でZEH、ZEBの実現を目指す 2020年までに既存住宅の省エネリフォームを倍増する 2020年までにLED等の高効率照明についてフローで100%の普及を目指す
運輸部門における省エネの推進	2030年までに乗用車の新車販売に占める次世代自動車の割合を5～7割とすることを目指す EV・PHVの普及台数を2020年までに最大で100万台とすることを目指す FCVの普及台数を2020年までに4万台程度、2030年までに80万台程度とすることを目指す 商用水素ステーションを2020年度までに全国に160か所程度、2025年度までに320か所程度整備する
再生可能エネルギーの導入促進	
再生可能エネルギーの導入促進研究開発の推進	再生可能エネルギーの導入拡大に向けて、系統整備や系統運用の広域化、蓄電池の研究開発・実証、環境アセスメント手続の迅速化、ベースロード電源である地熱発電への支援策の強化など、各電源の特性や実態を踏まえつつ、バランスの取れた導入に取り組む／固定価格買取制度（FIT）の安定的かつ適切な運用／送電網の整備・実証による風力発電の導入拡大／→2020年までの地熱発電タービン導入量での世界市場7割を獲得する／→2018年頃までに世界で初めて浮体式洋上風力を商業化する
規制制度改革の推進	風力発電導入促進に向けたエリア設定の検討／港湾における洋上風力発電の円滑な導入に向けた事業環境の整備／「福島新エネ社会構想」の推進
電力分野の新規参入とCO2排出抑制の両立	自主的枠組みの「実効性」と「透明性」を担保するために、省エネ法、高度化法等による措置を適切に運用し、毎年度取組の進捗状況を評価 料金適正化の観点から、電力会社ごとに、原価算定期間終了後の小売電気料金の事後評価を実施する
新たなエネルギーシステムの構築等	USC（超々臨界圧火力発電、実用化済）の導入・海外への普及促進／2025年度頃までに段階的に次世代火力発電の技術確立を目指す／次世代発電技術開発／高効率ガスコンバインドサイクル発電（1,600度級）の導入・輸出促進／電力会社は、各社のスマートメーター導入計画に沿って、2020年代早期に全世帯・全事務所へのスマートメーターの導入を目指す／節電した電力量を取引する『ネガワット取引市場』を、2017年中に創設する／家庭用燃料電池（エネファーム）は、2020年に140万台、2030年に530万台の普及を目指す
革新的エネルギー・環境技術の研究開発の強化	
革新的エネルギー技術の開発	2020年までに、新材料等を用いた次世代パワーエレクトロニクスの本格的な事業化を目指す／2016年度までに新材料SiCを用いた次世代パワーエレクトロニクスの実用化を目指す／国内企業による先端蓄電池の市場獲得規模2020年に年間5,000億円を目指す（世界市場の5割程度）／2020年までに系統用蓄電池のコストを半分以下に（2.3万円/kWh以下）

日本再興戦略2016 －第4次産業革命に向けて－ 中短期工程表「環境・エネルギー制約の克服と投資の拡大」より抜粋

優先順位はまず省エネから

政府は、「日本再興戦略2016―第4次産業革命に向けて―」において、まず環境配慮を含めた省エネを重視し、新たなエネルギーシステムの構築、革新的エネルギー技術の研究強化、さらにLNG（液化天然ガス）などの確保に向けたエネルギー安全保障に力を入れている。

2000年代後半からの米国のシェールガス革命によって原油価格は大幅に引き下げられた。中国の需要縮小によりOPECも減産へ向けて重い腰を上げざるを得なくなっている。LNGは産出国との交渉によって価格が決まっていたが、いま**LNG市場を創設して市場原理による価格決定への移行を推進**しようとしている。

超々臨界圧火力発電の取り組み、再生可能エネルギーの導入、水素社会も推進中だ。エネルギーの高効率な消費社会を目指してスマートコミュニティ構想、電力の節約をいわば新しい発電と捉えるネガワット取引も注目されている。

原発の廃炉費用だけでも膨大な負担になると考えられている中で、節約だけでは次世代のエネルギー供給は不安である。太陽光、風力発電なども重要であるが、コストが容易に下がらない、供給力が不安定などの面も指摘されている。

新材料等を用いた次世代パワーエレクトロニクスの実用化、蓄電池の開発、砂層型メタンハイドレートといった新たな資源の開発も期待されている。

CHAPTER 6

文化・教育の常識

CHAPTER 6-01

生き残れるか伝統芸能

経済面と後継者の両面で

補助金打ち切り、寄付金のみに

補助金を打ち切る、と市長が発言したことでいっきに伝統芸能の厳しい現実が世の中に知られることになったのは、2012年のこと。大阪市長に就任した当時の橋下徹氏が、観客の動員数などの実績に応じた補助金を主張したことから世の中を賑わすことになった。

前年度に5200万円の補助金を市から得ていた公益財団法人文楽協会だが、13年度は集客数連動型文楽振興補助金となり、年度内に10万5000人を動員すれば満額2900万円を得られるところだったが、10万1000人となり約2160万円となってしまった。その後、この制度も打ち切られ、現在は「なにわの芸術応援募金」のみとなってしまった。これは「ふるさと納税」のように登録された芸術団体に寄付ができ、住民税などが減額される。ただしその配分は、必ずしも希望の団体にいくわけではない。

登録した団体は**いくら寄付が集まり、そこからどれだけの配分が得られるか予想がつかない**ため、運営は難しくなってしまう。

〈古典芸能–ユネスコ無形文化遺産への登録が進む〉

2003年 無形文化遺産保護条約 採択
2004年 日本締結（世界で3番目。2006年 発効）
世界遺産条約【有形遺産】は、1972年採択（1975年発効）

条約の概要

- ■無形文化遺産の保護
- ■無形文化遺産の重要性及び相互評価の重要性に関する意識の向上等

	重要無形文化財にも指定	重要無形民俗文化財に指定	そのほか
2008年	能楽、人形浄瑠璃文楽、歌舞伎		
2009年	雅楽、小千谷縮・越後上布	日立風流物、京都祇園祭の山鉾行事、甑島のトシドン、奥能登のあえのこと、早池峰神楽、秋保の田植踊、チャッキラコ、大日堂舞楽、題目立、アイヌ古式舞踊	
2010年	組踊、結城紬		
2011年		壬生の花田植、佐陀神能	
2012年		那智の田楽	
2013年			和食：日本人の伝統的な食文化
2014年	和紙：日本の手漉和紙技術		
2016年		山・鉾・屋台行事（※）	

文化庁資料より作成

※政府は特徴の似た行事をグループ化して申請しなおしている。日立風流物、京都祇園祭の山鉾行事はすでに登録されていたが、今回「山・鉾・屋台行事」33件に含めて登録しなおされている。

日本は1993年にユネスコに「無形文化遺産保護日本信託基金」を設置し、2015年までに1,621万ドルを拠出。世界各地で100件以上のプロジェクトを実施している。日本の伝統芸能にはこの基金からの援助はない。

ユネスコ無形文化遺産であっても

「各世代の能楽師の活躍、新作の上演、全国各地での公演など史上空前という盛況を呈するとともに、多くの海外公演によって、今日、国際的にも高い評価を受けるようになっています」――

独立行政法人日本芸術文化振興会の能についてのウェブサイトに誇らしく記されている。日本全国に能楽堂は77ヵ所。その多さは、たとえば落語の寄席は常設はわずか5ヵ所しかないことと比べると明らかだ。国立演芸場などのホールや貸席などを含めても20ヵ所ほど。漫才などのお笑いの場を含めたとしても30ヵ所ほどしかないのである。

能・狂言は、歌舞伎、文楽ともども2008年にユネスコ無形文化遺産となっている。だが、この3つの日本を代表する伝統芸能が、それぞれに難しい状況にある。

たとえば能は、歌舞伎、文楽と大きく違う点として協会が全国に7つの支部を持ち、地域に根ざした活動を展開している。たとえば流派ごとに謡曲、仕舞、笛、太鼓などを教える場を持っており、つまりたくさんの一般の人たちが習い事として関わっている。

歌舞伎も文楽も技術を伝承するために、新しい人たちへの教育の場を設けているが、能は華道や茶道にも似た一般性を持っている。だからといって、危機感がないわけではない。能、狂言、歌舞伎、文楽以外にも多くの伝統芸能が、**後継者不足、新しい観客の不足に悩んでいる**のである。その原因は、わかりにくさに尽きる。

孤立する芸能、高齢化する観客たち

観客が増えるなど、盛んになっている一面としては、高齢者の増加も一因である。伝統芸能をゆっくりと楽しむことのできる人たちが増え、それに伴って客席も埋まっていく。だが、新しい観客が増えているわけではない。いま来てくれている観客の多くは、いずれ高齢化が進み、行きたくても行かれなくなるのである。本当の危機はそこにある。

歌舞伎座では従来のイヤホンガイドに加え、液晶画面による字幕ガイドを提供している。海外からの旅行者向けに英語の字幕も出る。2005年からはシネマ歌舞伎も登場。全国の映画館で上映してきた。野田秀樹、宮藤官九郎などを起用し、幅広い層に親しまれる演目に挑戦して人気を得ている。

能でも2015年に試験的にiPadによる解説を提供(NTTコムウェアなど)した。

そしていま伝統芸能を受け継ぐ**若い世代で起きている大きな疑問は「横のつながりのなさ」である。**能、狂言、歌舞伎、文楽はそれぞれに歴史があり、確立されてきたことからお互いに人的にまた表現としてコラボレーションがしにくかった。そんな中で「市川海老蔵GRAND JAPAN THEATER」が大きな注目を浴びた。狂言、能、新歌舞伎を一つの舞台で通しで見せる公演である。

日本芸術文化振興会なども、既成の枠を取り払った試みをサポートしていくべきなのだろう。

CHAPTER 6-02

美術による地方再生・街の再生

新しい体験を求める人々

美術を体験する場

新潟県の越後妻有（つまり）と聞いてピンと来る人と来ない人がいることだろう。十日町を中心として人口7万4000人ほどの地域だ。高齢化が進み人口もこのままでは減少の一途。そこに51万人もの人がやって来る（2015年）。2000年から3年ごとに開催されている「大地の芸術祭 越後妻有アートトリエンナーレ」である。1回目16万人規模からスタートし、参加アーティストも148組（32の国と地域）から約350組（44の国と地域）に増え、国際的な認知度も高まっている。

1ヵ所の美術館に作品を集めるのではなく、**地域に様々な作品が点在する。来訪者は時間をかけて旅をしながら巡っていく。**このため、交通、飲食、宿泊など周辺への波及効果も大きく、経済波及効果は過去6回で500億円を超えているとみられている。また、舞台となる地域には多数のアーティストや美術関係者が集まり、その交流も盛んだ。ただ美術鑑賞をする美術展ではない。様々な体験が得られるのだ。

〈美術が多くの人を巻き込んでいく〉

大地の芸術祭 実施スキーム

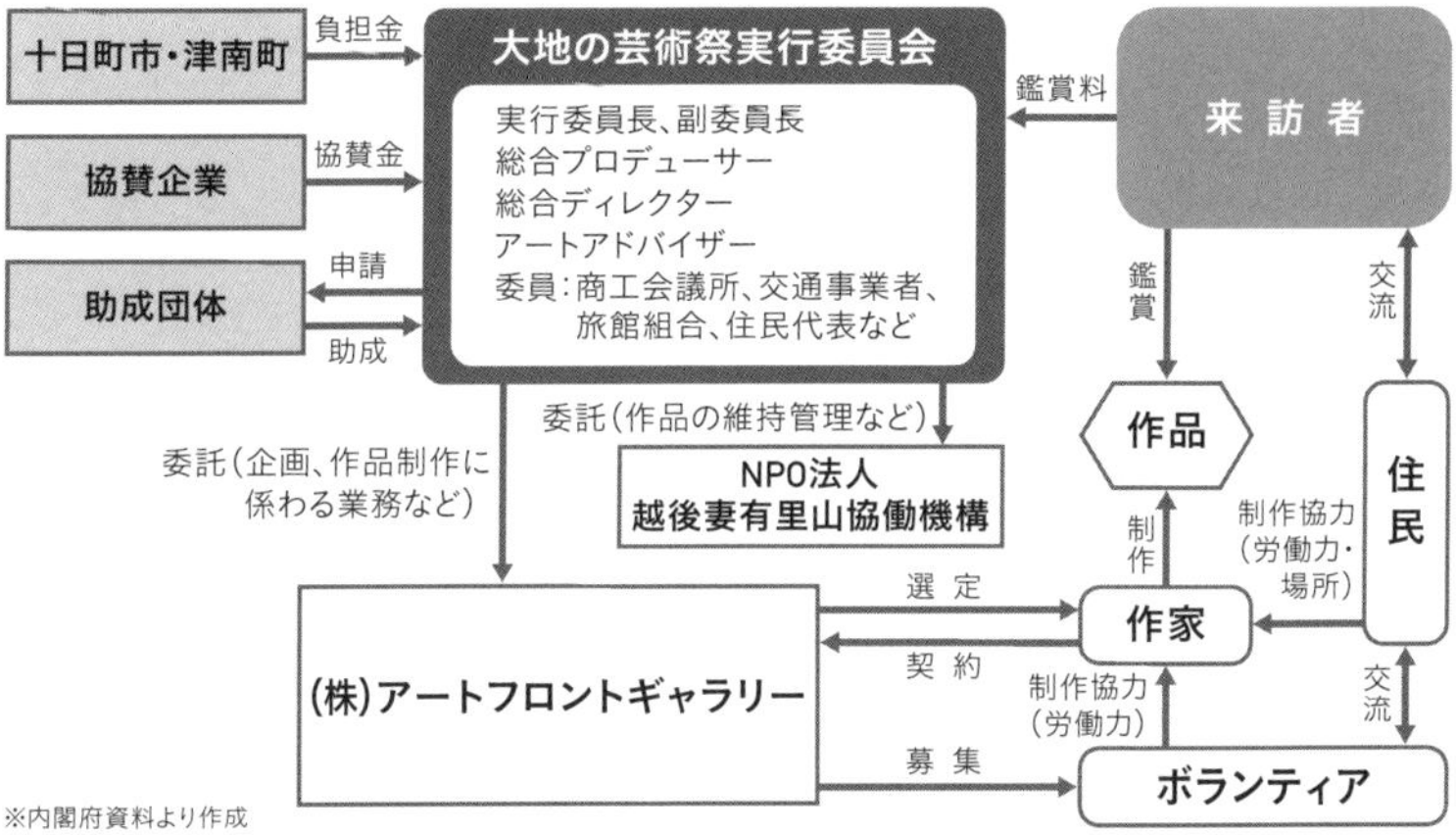

※内閣府資料より作成

主な国内の地域ビエンナーレ、トリエンナーレ

ビエンナーレ	トリエンナーレ
UBEビエンナーレ（1961～ 山口県）※	国際陶磁器フェスティバル美濃（1986～ 岐阜県）
BIWAKOビエンナーレ（2001～ 滋賀県）	高知国際版画トリエンナーレ展（1990～ 高知県）
ビエンナーレうしく（2003～ 茨城県）	福岡アジア美術トリエンナーレ（1999～ 福岡県）
おおがきビエンナーレ（2004～ 岐阜県）	大地の芸術祭 越後妻有アートトリエンナーレ（2000～ 新潟県）
神戸ビエンナーレ（2007～ 兵庫県）	あおもり国際版画トリエンナーレ（2001～ 青森県）
中之条ビエンナーレ（2007～ 群馬県）	横浜トリエンナーレ（2001～ 神奈川県）
北九州国際ビエンナーレ（2007～ 福岡県）	亀山トリエンナーレ（2008～ 三重県）
姫路城・現代美術ビエンナーレ（2008～ 兵庫県）	開港都市にいがた 水と土の芸術祭（2009～ 新潟県）
堂島リバービエンナーレ（2009～ 大阪府）	別府現代芸術フェスティバル混浴温泉世界（2009～ 大分県）
西宮船坂ビエンナーレ（2010～ 兵庫県）	あいちトリエンナーレ（2010～　愛知県）
	瀬戸内国際芸術祭（2010～ 香川県）
	飛騨高山文化芸術祭（2013～ 岐阜県）
	さいたまトリエンナーレ（2016～ 埼玉県）

※名称は変更されている

世界中からサポーターがやってくる

そのプロデューサーであるアートディレクターの北川フラム氏は、瀬戸内国際芸術祭のディレクターでもある。こちらもトリエンナーレ(3年ごとの開催)形式で、2010年から開催されている。舞台は瀬戸内海の島。来訪者は船などを使って島から島へ、作品から作品へと旅をする。その1回目は100日間の開催で延べ約94万人が来訪したという。

その**サポーターを公募したところ、世界中から5000人を超える応募があった。**「こえび隊」と呼ばれるボランティアサポーターたちは、作品制作の手伝い、芸術祭のPR活動、芸術祭期間中の運営、各島での催しの手伝いなどをする。島の人たち、ボランティア、アーティスト、来訪者といった参加者たちによって生み出される芸術活動である。

美術といえば、20世紀までは鑑賞するか購入するか、といった話が中心だった。21世紀には参加がキーワードとなっている。

学芸員、批評家、研究者、美術商、コレクターといった専門家の中にとどまる美術的価値も、もちろんこれからも続く一方で、現代アートを中心として既成の概念を破ろうとしている人たちにとっては、より参加しやすい形態として、こうした地域性の高い芸術祭が重要になってきている。

地域おこしに加え、美術の裾野を広げるボランティア、そして新しいアーティストの育成・発掘にも期待は大きい。

身近になるアート体験

ＶＲ技術の発達や、４Ｋテレビといった高画質の映像、さらに見慣れた街角が一変してしまうプロジェクションマッピングなど「見方、見せ方」の変化に加えて、地域と旅とアートを組み合わせて楽しむことが、いま話題になってきている。

ＪＲ東日本は、２０１６年から「現美新幹線」の運行を開始した。上越新幹線の越後湯沢〜新潟間で、現代美術を鑑賞しながらの旅を演出している。

こうした**身近なアートの担い手たちはいわゆる現代美術のアーティストたちだ。**これまでも、青森県立美術館、十和田市現代美術館、水戸芸術館、ハラ ミュージアム アーク、金沢21世紀美術館、地中美術館、熊本市立現代美術館など、地方の美術館が現代アートを中心として話題を集め、それが集客にもつながっている。ただの「箱物」からの脱却である。

田舎館村（青森県）や行田市（埼玉県）でのアート田んぼなども含め、こうした活動はＳＮＳによって瞬時に拡散されていく。そして「行ってみたい」「参加したい」という気持ちを掻き立てるのである。

現代アートと地方という組み合わせが象徴的であるが、そこにはグローバリズムと同時にローカルへの関心が強く投影されている。

観光立国としての未来像、２０２０年東京オリンピックへの期待なども相まっている。またアートには災害からの復興というメッセージも込められている。

CHAPTER 6-03

オリンピックと文化の関係

スポーツと文化と教育

カルチュラル・オリンピアード

ロンドン五輪がみせた凄味を東京２０２０は超えられるだろうか。または東京らしい新しい提案ができるだろうか。

オリンピック憲章には、「オリンピズムが求めるのは、**文化や教育とスポーツを一体にし、**努力のうちに見出されるよろこび、よい手本となる教育的価値、普遍的・基本的・倫理的諸原則の尊重などをもとにした生き方の創造である」という文章が冒頭すぐに出てくる。

ロンドン大会では、「ロンドン２０１２カルチュラル・オリンピアード」と題して08年から12年まで17万を超えるイベントを開催し、延べ４０００万人が参加したという。「ワールド・シェイクスピア・フェスティバル」では各国の劇団がシェイクスピアの作品を上演したが、グローブ座では手話を含め37の言語で上演されたのである。

国立競技場のデザインやエンブレム問題などで揺れた東京２０２０だが、デザイン、芸術面との融合は不可欠である。はたして、東京ではどのような成果が残せるだろうか。

〈スポーツと文化のプログラム〉

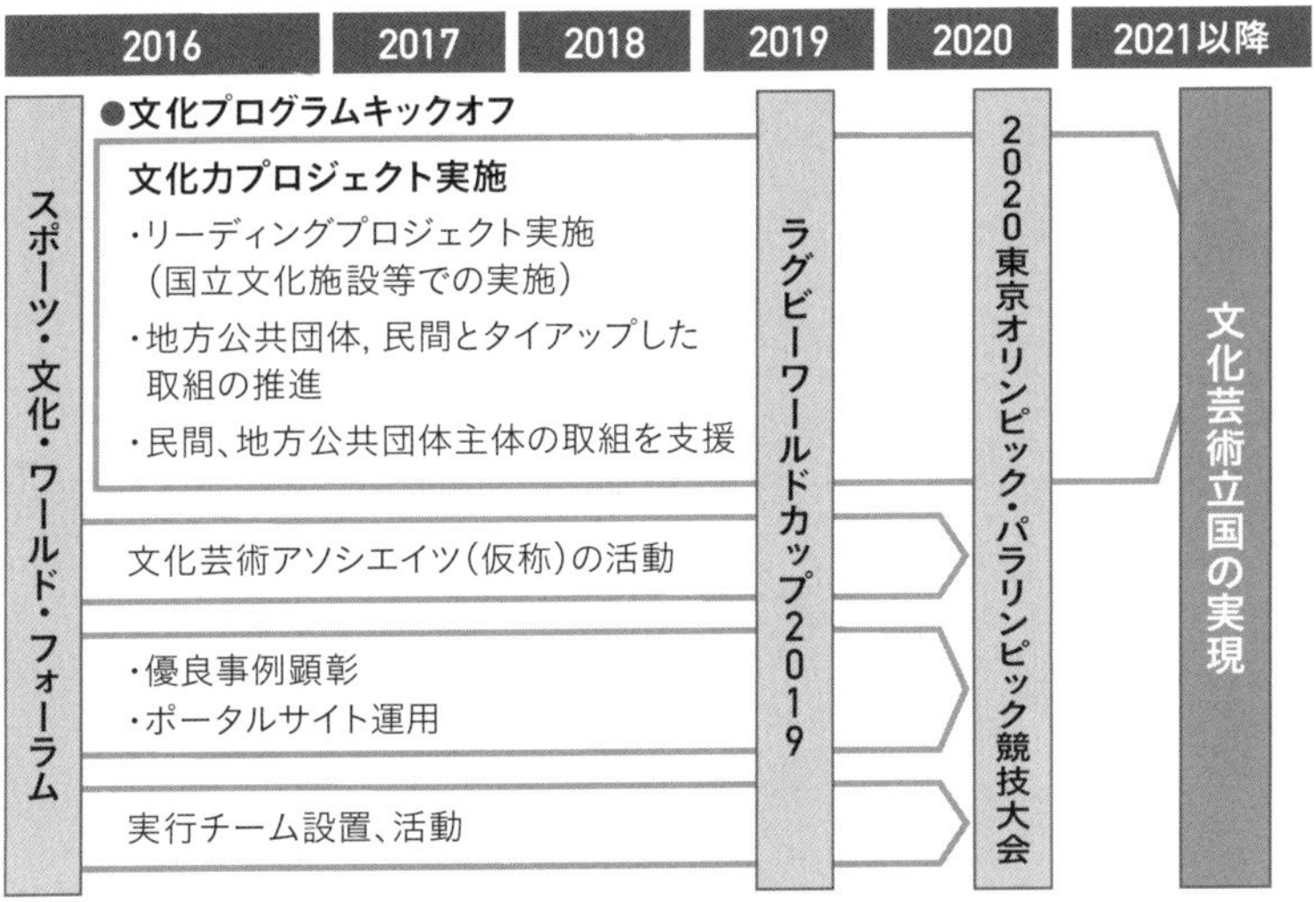

東京都 東京文化プログラム

事業の主体	主な内容(2016年9月以降)
アーツカウンシル東京事業	東京芸術祭2016、パフォーマンスキッズ・トーキョー、東京キャラバン、キッズ伝統芸能体験、NIHONBASHI NIGHT PROGRAM SAKURA -JAPAN IN THE BOX、伝統芸能公演、東京大茶会2016、第17回東京フィルメックス/TOKYO FILMeX2016、伝承のたまてばこ〜多摩伝統文化フェスティバル2016〜、ミュージカル『わたしは真悟』、TURNフェス、Tokyo Art Research Labなど
都立文化施設の催し	東京都庭園美術館、東京都江戸東京博物館、江戸東京たてもの園、東京都写真美術館での各種展示
東京都交響楽団	定期演奏会、特別演奏会など
その他事業	島しょ芸術文化振興事業、ヘブンアーティストTOKYO、子供歌舞伎教室など

2016年度は140を超えるプログラムを実施

高まる期待感の中で

1964年の東京大会では、美術展（古典、近代など）や芸能（歌舞伎など）の上演が組織委員会によって行われている。

小池百合子都知事の就任以来、経費削減の話題が中心となっているが、17年以降は方向性を「中身の充実」へ切り替えなければ間に合わなくなってしまう。

2020年東京オリンピック・パラリンピックの経済波及効果は、招致委員会の試算で約3兆円。日銀では実質GDP成長率を毎年0・2〜0・3%ポイント程度押し上げると考えている。さらに強気な試算では約20兆円（森記念財団都市戦略研究所）、約36兆円（みずほ総合研究所）などともいわれている。2016年のリオ・オリンピックで行われたフラッグハンドオーバーセレモニーは大きな話題と感動を生んだ。クリエイティブスーパーバイザーを佐々木宏（シンガタ）、椎名林檎が務め、MIKIKO、菅野薫（電通）といったメンバーがクリエイティブチームに参加したことも反響を呼んだ。

10月には「スポーツ・文化・ワールド・フォーラム」が開催された。これは、「ラグビーワールドカップ2019、2020年東京オリンピック・パラリンピック競技大会、関西ワールドマスターズゲームズ2021等に向けて、観光とも連動させつつ、スポーツ、文化、ビジネスによる国際貢献や有形・無形のレガシー等について議論、情報発信し、国際的に機運を高めるためのキックオフイベント」との位置づけである。

多彩な人材を巻き込んでいく

そこでは、「The Land of the Rising Sun」が上演され記者会見には宮本亜門（演出家）、蜷川実花（写真家・映画監督）、十一代目市川海老蔵などに加えチームラボも参加。チームラボは東大発のベンチャー企業として知られ、サイエンス・テクノロジー・アートを融合させた「実験と革新」をテーマとしたソリューションを提供している。

このように、すでに動き出している部分から窺えることは、２０２０では最先端テクノロジーをふんだんに活用した21世紀の日本を提示することになるとみられている。前の東京大会では、伝統文化を中心としていたが、いまの日本文化の世界的なイメージは違う。また、今後のイベントによって、日本でもあまり表に出てこなかった新しい才能がクローズアップされてくることも期待されている。

文化庁では**２０１５年に「文化芸術の振興に関する基本的な方針」を打ち出し閣議決定**されている。

その中にはアーティスト・イン・レジデンス（アーティストを一定期間招いて作品づくりをしてもらう）、若手芸術家の育成、「日本遺産（Japan Heritage）」の創設（すでに始動している）、マンガを含めた芸術作品のデジタルアーカイブ化など、幅広い重点戦略が掲げられている。国・都そしてメセナとしての企業、さらにボランティアなど多くの人を巻き込んでの文化活動が期待されている。そしてそれもまた有形・無形のレガシーとなる。

CHAPTER 6-04

世界で注目される江戸の芸術

浮世絵、琳派はクール・ジャパンの原点

あのゴッホも浮世絵に魅了されていた

1998年にアメリカの雑誌『LIFE』が企画した「この1000年で最も重要な功績を残した世界の人物100人」に、日本人が一人だけ選ばれた。葛飾北斎、みなさんもよくご存知の浮世絵画家だ。北斎に限らず、**海外での浮世絵の評価の高さはわれわれの想像を超えている。**たとえば、あのゴッホは自分の絵のなかに浮世絵を描きこんでいる(『タンギー爺さん』など)し、ロンドンで活躍したアメリカ人画家のホイッスラーは浮世絵の構図をそのまま真似た絵を多数残している(『ノクターン』など)。影響を受けた芸術家の名をあげたら、それこそきりがないくらい多い。

19世紀の中頃には「ジャポニズム」(日本趣味)という言葉も生まれるが、それも浮世絵がきっかけだった。西洋画にない奇抜な色使い、大胆に切り取る構図、庶民を題材にしている点も西洋の芸術家には新鮮だった。ちなみに、浮世絵は輸出用の陶磁器の包み紙に使われて、ヨーロッパに伝わったといわれている。ゴミが宝になったという点も面白い。

〈西洋を刺激した江戸絵画〉

1603年、徳川家康が江戸に幕府を開く

琳派の始祖・俵屋宗達が京都で活躍(17世紀前半)

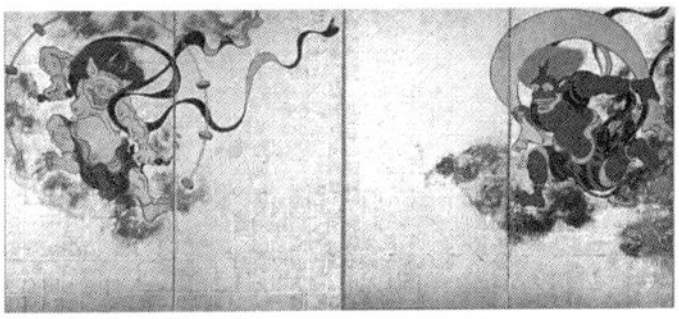

宗達『風神雷神図』

1650年代、このころ浮世絵が始まる

1701年、尾形光琳が優れた絵師に与えられる称号「法橋」につく

光琳『燕子花図』

同じころ伊藤若冲が生まれる

1790年代、喜多川歌麿の美人画が一世を風靡

同時期に、東洲斎写楽の役者絵が人気を博す

写楽『三代目大谷鬼次の奴江戸兵衛』

1823年、葛飾北斎が『富嶽三十六景』制作開始

1833年、歌川広重が『東海道五十三次』を発表

広重『東海道五十三次之内 日本橋』

春画は老若男女が楽しむもの？

誤解されているかもしれないが、浮世絵＝版画ではない。**浮世絵とは社会風俗を画材としたものの総称で、普通に紙や絹に描いた風俗画も浮世絵と呼ばれる**（こちらは「肉筆浮世絵」ともいう）。浮世絵の始祖は菱川師宣（ひしかわもろのぶ）。17世紀半ばから後半にかけて活躍、代表作は『見返り美人図』（ただし、この作品は肉筆画）である。このころはまだ色数は少なかったが、技術が進み多色刷りが可能になって、メディアとしての役割を果たすようになった。代表的な画家は美人画の喜多川歌麿、役者絵で有名な東洲斎写楽、東海道五十三次シリーズで一世を風靡した歌川広重、そして北斎。多色刷りの大判でもいまの価値にして400円程度で買えたそうなので、陶磁器の包み紙になったのもうなずけよう。

さて、その浮世絵の中でもとくに西洋で人気があり、逆に日本の美術館ではほとんど展示されないのが春画である。春画は性を扱っているため、日本では「自主規制」がかかっているようだが、ヨーロッパではその芸術性が高く評価されている。2013〜14年に大英博物館で行われた展示会には約9万人が来場、6割が女性だったという。その成功が伝わり、日本でも東京と京都で春画展が催され話題になったのは記憶に新しい。春画は女性のみを扱っているわけでなく、男性の欲情を刺激する現在のポルノとは異なる。必ず詞書があり、それはウイットに富んでいる。まさに、老若男女が楽しむものだった。

いま人気の若冲も〝逆輸入〟だった！

春画の評価が高いのは当然で、歌麿や北斎も数多く描いていた。まさに埋もれていた芸術が逆輸入された形である。同じように逆輸入されたものに伊藤若冲がいる。いまの人気が信じられないくらい、40年ほど前の若冲は〝忘れられた画家〟だった。**ブームになったのは、アメリカ人ジョー・プライス氏が持つ世界最大の若冲コレクションが日本に紹介されるようになって以降**だ。若冲の芸術は欧米に広く伝わり、日に日に人気が高まっている。色彩や技法、精緻な画面などは同時代の西洋画家にも真似できないといわれる。

若冲が活躍した京都に、もうひとり世界を魅了した画家がいる。琳派を完成させた尾形光琳がその人で、『燕子花図』に象徴される彼の洗練されたデザイン性は、19世紀の日本趣味の人たちに熱狂をもって受け入れられた。とくにフランスのアール・ヌーヴォー（植物文様や流れるような曲線を特徴とした美術運動。ガラス工芸のガレが代表的な芸術家）に与えた影響は大きく、世界のデザインを変えたといっても過言ではない。なお、琳派は俵屋宗達（代表作『風神雷神図』）にはじまる美術の流れで、狩野派のような師弟関係にあったわけではない。宗達、光琳のあと酒井抱一、鈴木其一とつながっていくが、抱一、其一はまだ欧米にはあまり紹介されてはおらず、今後、人気が高まる可能性は高いだろう。

CHAPTER 6-05

大学入試改革の行方

新テストでは思考力・判断力・表現力が問われる

記述式を導入、英語は4技能評価に

２０２０年に大学入試が大きく変わる。新聞でもさかんに報じられているのでご存知の人も多いだろう。ポイントは大きく二つあって、まず現在実施されている**「大学入試センター試験」が廃止され、代わって「大学入学希望者学力評価テスト」（仮称）が導入**される。それとは別に「高校基礎学力テスト」（仮称）も新設。これだけだと、１９８９年に共通一次試験から、いまのセンター試験に移行したのと同じで、なんら代わり映えはしないと思われるかもしれない。

しかし、試験の内容は様変わりする。これがポイントの二つめで、まずはマークシート方式に加えて、記述式試験が導入される。英語は「読む、書く、聞く、話す」の4技能を問うようになる。さらに、コンピュータで受けることが検討されているうえ、複数回実施も目指している。問題の内容も暗記ではなく、思考力・判断力・表現力を問うものになるという。この新しい方式の試験を、現在の中学生から受けることになる。

〈変わる大学入試〉

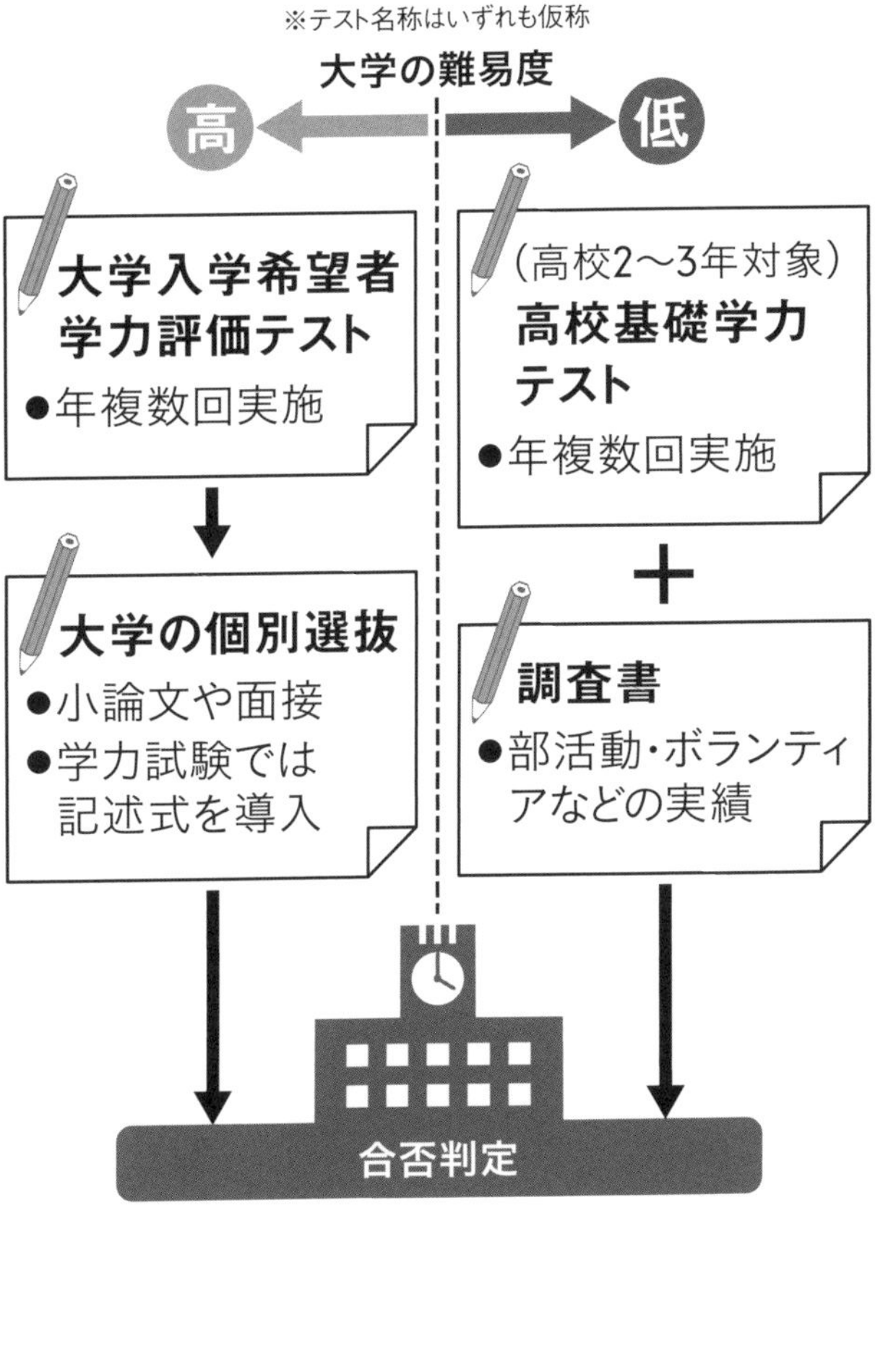

※テスト名称はいずれも仮称
大学の難易度
高
低
大学入学希望者学力評価テスト
●年複数回実施
大学の個別選抜
●小論文や面接
●学力試験では記述式を導入
(高校2〜3年対象)
高校基礎学力テスト
●年複数回実施
+
調査書
●部活動・ボランティアなどの実績
合否判定

文科省の思惑通りにいくかは不透明

前ページの図にあるように「大学入学希望者テスト」は東大をはじめとした難関大学の受験者が対象だ。「基礎学力テスト」のほうは高校内容の理解度を測るのが目的で、偏差値の低い大学が利用することを想定している。実は、変わるのは一次試験だけではない。**大学独自に行う二次試験も大きく変わる。私立大学の一般入試も変化を迫られている。**

そもそも、今回の入試改革は「脱・暗記型」の試験の導入で、グローバル時代に対応した人材を育成することを目的にしている。思考力・判断力・表現力を謳っているのはそのためで、国公立の二次試験にもこうした問題の導入を文科省は求めている。部活やボランティアの実績、さらに面接の導入も国の会議では検討されている。

ただし、思惑通りにいくかどうかは不透明だ。

そもそも、一次試験の複数回実施や記述式の導入などは結論ありきで議論が進められた疑いが強く、実施まで4年を切っても異論が出続けている。複数回実施するとなると、授業との兼ね合いなど負担が重いと高校などからの批判が続出。「大学入学希望者テスト」の記述式の採点をどうするのかについては、時間的制約に加え採点者の確保といった人材面でも困難な点が多く、簡単に解決方法は見つかりそうにない。大学においても二次試験の内容をどうするかの議論はまったくといっていいほど進んでいないのが実情である。

中学・高校や塾では先取りした取り組みも

このように、まだまだ紆余曲折はありそうだが、大学入試の改革は後退したとしても大学や高校の授業、あるいは教育の内容は変化が進む可能性が高い。実は、大学入試に関心が集まっているが、それは「高大接続改革」と呼ばれるものの一部でしかない。大学教育、高校教育、そしてそれをつなぐ大学入試の三つを一緒に改革することが本来の目的なのだ。

アクティブラーニングという言葉を聞いた人もいるだろう。簡単にいえば、教壇に教師が立ち一方的に話をするのではなく、学生に議論をさせたり、調べさせたり、あるいはテーマを与えて行動させたり、そういった活動を通じて思考力・判断力・表現力を養う授業をいう。この種の授業が大学や高校で今後増えていくのは確実だ。実際、学生のチームに具体的な課題を与え解決法を考えさせて発表まで行う授業**「PBL＝プロジェクト・ベースド・ラーニング」などは学生の成長に効果がある**といわれ、導入例が急増している。

これらを見据えて、高校受験、中学受験にも変化の兆しがみられるようになってきた。思考力、表現力などを問う入試を行う高校、中学は増えており、英語を入試に加える中高一貫校もある。なかには英語のみで受験が可能という中学もあるくらいだ。塾でもアクティブラーニングを先取りするところが出てきた。

大学も高校も中学も、そして塾や親も手探りの状態はしばらく続きそうだ。

CHAPTER 6-06

変わる大学地図

枠組みを壊す大学に加え、職業訓練校化も

もはや護送船団方式は終焉

旧七帝大に早慶上智、MARCHに日東駒専、関関同立に産近甲龍……。ピラミッドのように大学は序列化されている。差が縮まったり開いたりはあるものの、いまのところ序列に大きな変化はない。相変わらず東大が頂点であり、ここに挙げたような大学群の通称も、みなさんの時代と変わりないだろう。しかし、徐々にではあるが変化の波は押し寄せている。

たとえば、グローバル化に対応することを目的に、**文科省は2014年、スーパーグローバル大学（SGU）創成支援事業をスタート**させた。世界レベルの教育研究を行う大学を重点的に支援するというものだが、一橋大、神戸大、青学大、同志社大などは落選、一方で東洋大、創価大などが当選し明暗を分けた。これだけで大きく序列が変わるというものではないが、文科省は〝護送船団方式〟からの転換を図っていることは間違いなく、変化に乗り遅れた大学は競争のための資金を得ることができなくなる。魅力を失っていく危険性が高い。それにより学生からの人気が低下すれば、序列が逆転することも十分あり得るだろう。

〈変わる大学の枠組み〉

従来型の大学の枠組み

旧七帝大

東京大学
京都大学
北海道大学
東北大学
名古屋大学
大阪大学
九州大学

↑ 偏差値は旧帝大並み

国際教養大学

早慶上智

早稲田大学
慶應義塾大学
上智大学

※東京理科大学を加えることもある

MARCH

明治大学
青山学院大学
立教大学
中央大学
法政大学

※学習院大学を加えてGMARCHと呼ばれることもある

関関同立

関西大学
関西学院大学
同志社大学
立命館大学

※レベルは同志社が頭ひとつ抜けている

産近甲龍

京都産業大学
近畿大学
甲南大学
龍谷大学

（近畿大学 → 同志社大学）関関同立に迫る勢い

新しい大学の枠組み

SGU

スーパーグローバル大学（33大学）

国立大学への交付金の分類

①地域貢献型
②教育研究型
③卓越した教育研究型（東大、京大など）

L型・G型

- L型大学
  生産性向上に資するスキル保持者の養成
- G型大学
  世界に通用するエリートを育成

開学10年余りで旧帝大に並ぶ勢い

実際、国際系の学部の人気は急上昇している。**有名私学は軒並み「国際」や「グローバル」の名のつく学部を新設、国立でも千葉大や長崎大などが国際系学部を設けた。**そのきっかけになったのが、秋田県立の公立大学「国際教養大」の成功だ。卒業生の評価が高く、就職実績は年々アップ。受験生の人気も高まり、２００３年の開校ながらいまや偏差値は旧七帝大に並ぶ。完全にトップブランドの一角に食い込んだ。

実学志向で人気を高める大学もある。その最たる例が近畿大だ。クロマグロの完全養殖で名を馳せ、一気に全国ブランドになった。マグロ養殖にとどまらず、「ウナギの味に似たナマズ」や廃材を利用した燃料「バイオコークス」の開発などもニュースになっている。国際学部も新設、英語教育にも力を入れる。その結果、志願者数は日本一（２０１６年度）。関西圏の私立は関関同立がトップブランドで、近大はその後塵を拝していたが、学部によっては関西大を追い抜いたといわれるまでになった。

大学の序列は、学生の人気も大きく左右する。いまみてきた国際系学部も実学志向も人気が高い。実は、ここ数年、キャンパスの立地も影響するようになってきた。中央大が看板学部の法学部を文京区に移転することを決めたのもそのためだし、青学大、東洋大なども都心回帰を進めている。これからは、どこに大学があるかも見逃すことができない。

L型指定は大学にとって死活問題!?

従来型の序列とは別に、新たな区分けもなされるようになっている。

2014年、文部科学省は国立大学への交付金を次のように分類することを決めた。「地域貢献型」「教育研究型」「卓越した教育研究型」の三つで、旧七帝大などは「卓越した教育研究型」に入った。それとは別に「G型大学」「L型大学」という言葉を聞いた人もいるだろう。G型では世界に通用するエリート教育を施し、L型では地域経済の生産性向上に資するスキル保持者を養成する、というものだ。文部科学省の有識者会議において、経営共創基盤代表取締役CEOの冨山和彦氏が提唱した。どちらも、日本の大学の大半が〝職業訓練校〟になってしまう、と議論を呼んでいる。とくに後者の区分けで「L型」とされた大学の序列は下がっていくのは確実で、大学にとっては死活問題である。

しかし、そもそも**日本の大学の数は多すぎる、職業訓練校化するのも仕方がない**、という意見が多いのも確かだ。1990年代の前半に200万人を超えた18歳人口が、2014年には半分近い118万人にまで減少した。その間、大学の数は約500校から約800校に急増。大学進学率は増加しているが、とうてい定員を満たすことはできない。いい学生を集めようと必死に努力する大学がある一方で、ノンブランド大学の多くはなりふり構わず学生を集めている。こうした二極化も、いまの日本の大学の姿なのだ。

CHAPTER 6-07

就職率のいい大学の秘密

「実学」と「面倒見」が就職に強い大学の特徴

就職ランキング上位は高偏差値大学

主要なビジネス誌が毎年のように組む大学に関する特集では、就職も大きく取り扱う。ランキングを掲載することも多く、予想通り上位を占めるのは高偏差値の大学だ。しかし、あまり全国的に知名度が高くない大学が混じっていることもある。たとえば、名古屋大学を押しのけて中京圏では豊田工業大が就職率トップに立つ。トヨタが設立した大学で、多くの学生はトヨタ系の企業に就職。学費が安く質のよい学生が集まるのに加えて、教育も実践重視なので、即戦力として期待されているのだろう。就職率は100％近い。金沢工業大もいつも就職では話題に上がる。こちらの場合は、徹底的な面倒見のよさが特徴だ。入学偏差値は低いので、お買い得大学ともいわれる。

豊田工業大は特殊な例だが、一般的に「ブランド力がないのに就職に強い大学」には二つの特徴がみられる。**一つは実学重視。次に面倒見のよい大学かどうか。**多くの大学がこのどちらか、あるいは両方を志向するようになっている。

〈就職に強い大学の特徴〉

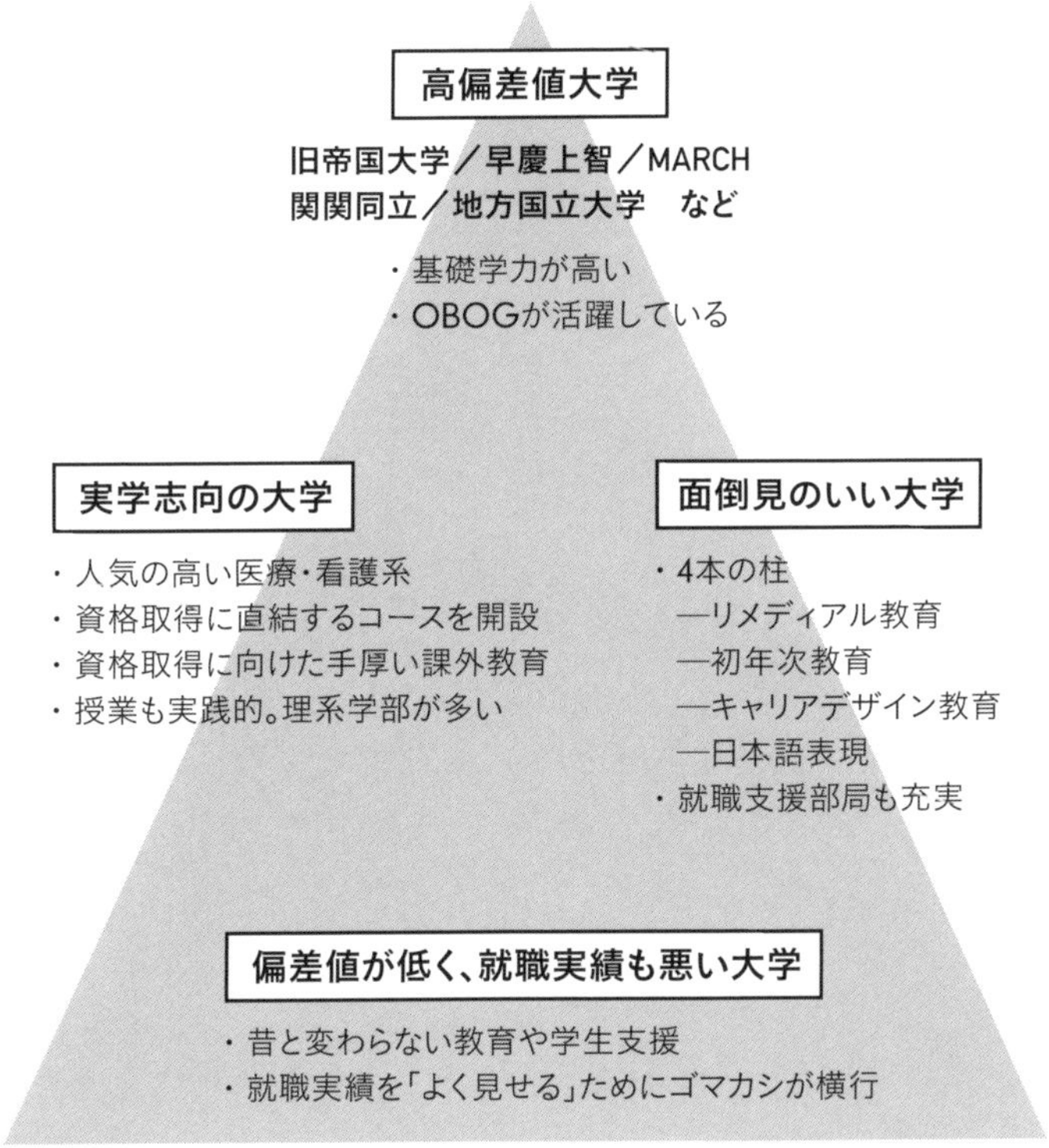

高偏差値大学
旧帝国大学／早慶上智／MARCH
関関同立／地方国立大学　など
・基礎学力が高い
・OBOGが活躍している
実学志向の大学
・人気の高い医療・看護系
・資格取得に直結するコースを開設
・資格取得に向けた手厚い課外教育
・授業も実践的。理系学部が多い
面倒見のいい大学
・4本の柱
—リメディアル教育
—初年次教育
—キャリアデザイン教育
—日本語表現
・就職支援部局も充実
偏差値が低く、就職実績も悪い大学
・昔と変わらない教育や学生支援
・就職実績を「よく見せる」ためにゴマカシが横行

警察官採用試験に特化した大学も

21世紀に入り、医療や看護といった医療系学部が次々と設立された。看護師の受験資格が取れる学部・学科に限ってみても、いまや200を超える。これなど、まさに実学重視の代表といえるだろう。医療・看護、それに介護の分野は人手不足が叫ばれており、引く手あまただ。就職率の高さから、受験生の人気も高まっている。

特定の分野に特化する大学もみられる。日本文化大は卒業生の5人に1人が警察官になる。採用試験突破に向けたカリキュラムを用意。警察官や公務員を志望する受験生向けのAO入試まで導入している。消防士では国士舘大がトップだ。2000年には体育学部の中に救急救命士の受験資格を得られるコースまで設けた。

ただし、こうした実学重視は学部・学科改編などを伴うことが多い。また〝就職直結〟は理系が中心で、文系学部がメインの中堅以下の大学が実行するのは簡単ではない。そこで、力を入れるのが「面倒見のよさ」だ。

金沢工業大の2016年卒業生の就職内定率は99・7%。上場企業への内定者は4分の1以上を占める。先述したように偏差値は決して高くない。しかし、入ってきた学生を徹底的に教育する。高校時代に履修していない科目や自分が弱点にしている分野の指導はもちろん、プレゼンテーション能力やコミュニケーション能力を磨く授業も行っている。

高校内容の学びなおしはトレンドに

本来であれば高校で学んでおくべきことが身についていない大学生は多く、偏差値の高い大学でも問題になっている。近年、その学びなおしを目的とした「リメディアル教育」が盛んになっており、金沢工業大はその最先端をいっている。入学後の1年間に大学での学びの基本を身につける「初年時教育」にも力を入れる。

その他、**就職に力を入れる大学が重視しているのが、キャリアデザイン教育と日本語表現**だ。キャリアデザインは、就職に対する意識を高めることを目的とする。それに、就職部（キャリアセンター）のサポートが加われば、就職活動の出遅れや業種・職種のミスマッチ、面接対策の不足などを減らすことができる。日本語表現はそのものずばり作文対策で、きちんとした文章を書けるようにし印象をよくすることを目的としている。

こうした様々な対策を施し、少しでも就職実績を高めようと各大学ともに懸命なのだが、一朝一夕によくなるものではない。そこで、数字のごまかしが横行する。就職率に関しても、就職部に事前に書類を提出した人間しか分母に加えなかったり、就職できなかった人間を意図的に「就職希望者」からはずすといったことが行われている。そもそも、内定者のうち正社員として就職できる学生は7割しかいない。3割は非正規なのだ。これは表面には現れにくい。大学選びでは、数字を見極める力も大切になってくる。

CHAPTER 6-08

専門職大学院は買いか？

法科大学院、会計大学院で募集停止が相次ぐ

2009年以降、在籍者数は減少傾向に

専門職大学院は社会的要請の高い、高度な専門的知識を備えた職業人の養成を目的としている。もっとも代表的なのは法科大学院で、ビジネススクール（経営大学院＝ＭＢＡ）の一部もこの中に含まれる。この二つの他にも、ＭＯＴ（技術経営）や会計、公共政策、公衆衛生、知的財産、臨床心理、教職などがあり原子力や助産、ウェブビジネスといったユニークなものもみられる。現在、１６２専攻が設置されている（『平成27年度文部科学白書』）。

研究者養成を主たる目的とした従来型の大学院とは異なり、討議や事例研究、実習を中心とした教育を施し、教員も実務家出身者の配置を義務付けている。そのためビジネスや法曹、教育といった世界に変化をもたらすと期待されたが、「うまく機能している」とは言いがたい。省令で定められたのは２００３年。以後、専攻の数は増えたものの、早くも２００９年には在籍者数が減少に転じた。**法科大学院などもっとも多いときには74校もあったのが、募集停止が相次ぎいまや40数校にまで減少**している。

〈専門職大学院修了者は使えるのか〉

ビジネススクール

- いわゆるMBA
- 1978年の慶應大が日本初
 (ただし、慶應は従来型の修士課程)
- 従来型修士も加えると45大学
- ネット受講が可能な大学院も

法科大学院

- アメリカのロー・スクールがモデル
- 最大74校にまでなったが、
 近年は閉校する大学が増加
- 司法試験合格率が3割にとどまる
 など問題が指摘されている

教職大学院

- 専門性の高い教員の養成が目的
- 2008年に開設
- 26校が設置。複数の大学の連合
 型も
- 学位を持つメリットが少なく半数
 近くが定員割れ

会計

- 公認会計士の養成機関
- 公認会計士試験の一部が免除
- 公認会計士の就職難を受け人気
 が低下。3分の2が定員割れ

その他

- 公共政策(東大、京大など)
- 公衆衛生(東大、京大、九大など)
- 知的財産(東京理大、日大など)
- 臨床心理(九大、関大など)
- 助産、ウェブビジネス専攻なども

専門職大学院の問題点

- 想定された合格率に達しないなど魅力に欠け、受験者が減少
- 修了までに2〜3年かかるうえ、学費も高額
- 一部を除いて活躍の場が少ない
- 修士号をとっても昇給・昇格につながらずメリットが薄い

MBAを取得しても昇進・昇級は3分の1

法科大学院の場合は司法試験の合格率の低さが最大の原因だ。当初、7〜8割程度は合格するものと想定されたが、実際は3割弱にとどまっている。頑張って司法試験を突破できても、弁護士の数が増えた結果、仕事にあぶれる人さえ出てきた。法律家のニーズが高まっていないなか、供給過剰になってしまったといえるだろう。一方、会計大学院については多少、公認会計士の就職状況が改善されたとはいわれるが、それでも3分の2が定員割れの状態。2016年春には、ついに立命館大や法政大が募集停止を発表した。

MBAもうまく機能しているとは言いがたい(MBAは専門職型と従来型の修士課程の2種類あるが、広い意味での専門職大学院と考えられる)。修了者が身につけた知識をビジネスの場でうまく活用できていないのか、それとも企業が修了者の能力を使いこなせていないのか――いずれにしろ、**修了者が活躍しているケースは日本ではごく少数。**昇進や昇給に反映できた人は3分の1程度というデータすらある。

専門職大学院を修了するには2〜3年かかる。しかも、学費は総じて高い。もちろん、専攻によっては修士号の取得が昇給・昇進に直結するケースもあるだろうし、日本でもアメリカのようにMBA取得者などが活躍する時代が来るかもしれない。が、現状では「専門職大学院は買い」とお世辞にも言うことは難しい。

参考文献

※はウェブ上で閲覧可能。

CHAPTER 1　世界を読み解く

『ムスリムおもてなしガイドブック』（観光庁）※

『決定版「ハラル」ビジネス入門』（アクマル・アブ・ハッサン著、恵島良太郎著　幻冬舎ルネッサンス）

『ハラル認証取得ガイドブック：16億人のイスラム市場を目指せ！』（森下翠惠、武井泉著　東洋経済新報社）

『グローバリゼーションを擁護する』（ジャグディシュ・バグワティ著、鈴木主税、桃井緑美子訳　日本経済新聞社）

このほか、「Financial Times」「THE WALL STREET JOURNAL」、ニューズウィーク、ロイター、ブルームバーグ、ＥＵ、英国政府、国際連合、内閣府、国際平和協力本部事務局（ＰＫＯ）などのウェブサイトを参照した。※

CHAPTER 2　経済を読み解く

『教養としてのマクロ経済学』（藪下史郎著　東洋経済新報社）

『日本経済入門』（日経ビジネス編　日経ＢＰ社）

『池上彰のやさしい経済学1しくみがわかる』（池上彰著　日経ビジネス人文庫）

『デフレの経済学』（岩田規久男著　東洋経済新報社）

『図で読み解く「アベノミクス」のこれまで・これから』（読売新聞経済部著　中公新書ラクレ）

『アベノミクス大論争』（文藝春秋編　文春新書）

『21世紀の資本』（トマ・ピケティ　みすず書房）

『日本人のためのピケティ入門』（池田信夫著　東洋経済新報社）

『アエラ』（15.2.23号）大特集「格差と貧困を考える」（ピケティ×佐藤優ほか）

『日本の経済格差―所得と資産から考える』（橘木俊詔著　岩波新書）

『物語　現代経済学』（根井雅弘著　中公新書）

『サムエルソン『経済学』の時代』（根井雅弘著　中央公論

『エウレカの確率　経済学捜査員　伏見真守』（石川智健著　講談社）
『行動経済学―感情に揺れる経済心理』（依田高典著　中公新書）
『ファスト&スロー』（ダニエル・カーネマン著、村井章子訳　早川書房）
『現代経済学』（依田高典著、放送大学教育振興会）
『リフレが日本経済を復活させる』（岩田規久男、浜田宏一、原田泰著　中央経済社）
『いまこそ、ケインズとシュンペーターに学べ』（吉川洋著　ダイヤモンド社）

CHAPTER 3　政治を読み解く

『昭和史（上・下）』（中村隆英著　東洋経済新報社）
『戦後主要政党の変遷と国会内勢力の推移』（国立国会図書館調査及び立法考査局レファレンス平成26年6月号）※
『世襲議員のからくり』（上杉隆著　文春新書）
『政治家の見極め方』（御厨貴著　NHK出版新書）
『政治って何だ!?―いまこそ、マックス・ウェーバー「職業としての政治」に学ぶ』（佐藤優、石川知裕著　ワニブックスPLUS新書）

CHAPTER 4　法律を読み解く

『図解　コンプライアンス経営（第4版）』（浜辺陽一郎著　東洋経済新報社）
『図解　新会社法のしくみ（第3版）』（浜辺陽一郎著　東洋経済新報社）
『取締役になるとき　いちばん最初に読む本』（西田弥代著　アニモ出版）
『図解でシッカリ！　よくわかる労働法』（佐藤広一著　アニモ出版）
『平成27年度知的財産権制度説明会（初心者向け）テキスト』（特許庁）※
『知ってなっとく独占禁止法』（公正取引委員会）※
『優越的地位の濫用』（公正取引委員会）※
『知るほどなるほど下請法』（公正取引委員会）※
『事例でわかる景品表示法』（消費者庁）※
『マイナンバーまるわかりガイド』（内閣官房）※

『新規申請を目指す事業者のためのプライバシーマークセミナー２０１６「制度概要編」』（一般財団法人日本情報経済社会推進協会）※

CHAPTER 5　産業の未来を読み解く

『知識ゼロからのビッグデータ入門』（稲田修一著　幻冬舎）
『ロボット革命』（本田幸夫著　祥伝社新書）
『人類なら知っておきたい、「人工知能」の今と未来の話』（本田幸夫監修、開発社著　ＰＨＰ研究所）
『ビットコインとブロックチェーン：暗号通貨を支える技術』（アンドレアス・Ｍ・アントノプロス著、今井崇也訳、鳩貝淳一郎訳　エヌティティ出版）
『ブロックチェーンの衝撃』（ビットバンク株式会社＆『ブロックチェーンの衝撃』編集委員会著、馬渕邦美監修　日経ＢＰ社）
『金融大変革、FinTech』（公益財団法人ＮＩＲＡ総合研究開発機構）※
『日本再興戦略２０１６-第４次産業革命に向けて-』（首相官邸　日本経済再生本部）※
『この1冊ですべてわかる　物流とロジスティクスの基本』（湯浅和夫著　日本実業出版社）
『国立研究開発法人日本医療研究開発機構　総合パンフレット』※

CHAPTER 6　文化・教育を読み解く

『ひらく美術：地域と人間のつながりを取り戻す』（北川フラム著　ちくま新書）
『直島から瀬戸内国際芸術祭へ―美術が地域を変えた』（福武總一郎、北川フラム著　現代企画室）
『おとなの愉しみシリーズ1春画』（早川聞多著　すばる舎）
『なぜ国際教養大学はすごいのか』（鈴木典比古著　ＰＨＰ新書）
『早慶ＭＡＲＣＨ　大学ブランド大激変』（小林哲夫著　朝日新書）
『就職力で見抜く！　沈む大学　伸びる大学』（木村誠著　朝日新書）
『対決！大学の教育力』（友野伸一郎著　朝日新書）

索引

【は行】

【ま〜わ行】

●著者
フレアビジネス研究会
書籍・雑誌・Webで活躍する編集者・ライターによる研究会。ビジネス全般（経営・法規・会計・営業・マーケティング・物流・貿易・製造・開発・人事など）から国際・経済・政治・政策・金融・IT・科学・芸術・文化・健康・観光などまで幅広い分野をカバーしている。本書については安達正志、小林茂樹、松本正行、舛本哲郎が中心となって執筆にあたった。

課長・部長のための
知っておきたいビジネス常識と教養

2017年1月25日　初版第1刷発行

著　者　フレアビジネス研究会
発行者　滝口直樹
発行所　株式会社マイナビ出版
〒101-0003 東京都千代田区一ツ橋2-6-3 一ツ橋ビル2F
TEL 0480-38-6872（注文専用ダイヤル）
TEL 03-3556-2731（販売部）
TEL 03-3556-2733（編集部）
Email：pc-books@mynavi.jp
URL：http://book.mynavi.jp

装丁　市川さつき（ISSHIKI）
本文デザイン　玉造能之、梶川元貴（ISSHIKI）
DTP　株式会社フレア
印刷・製本　図書印刷株式会社

ISBN978-4-8399-5891-6
Printed in Japan